Ayurvedisch kochen

vegetarisch, saisonal & karmafrei

Johannes Baumgartner

Ayurvedisch kochen

vegetarisch, saisonal & karmafrei

HANS-NIETSCH-VERLAG

Inhalt

Sommer

Herbst

Winter

Anhang 176

Einführung

Mein Leben lang habe ich mich nach ausgewogenen und wohlschmeckenden Speisen gesehnt. Was ich zu mir nahm, sollte ein besonderes Geschmackserlebnis sein und Freude bereiten. Auf der Suche nach dem Ursprung von tief empfundener Freude reiste ich in jungen Jahren durch die Welt. Mein Weg führte mich in den Nahen Osten und schließlich über Malaysia nach Indien, wo ich lange Zeit lebte und die vedische Kochkunst erlernte. Aus der vedischen Hochkultur Altindiens ging vor mehr als 5000 Jahren ein ganzheitliches Gesundheitssystem hervor: Ayurveda, die Weisheitslehre vom „langen und gesunden Leben". Sie gilt heute als das älteste überlieferte Gesundheitssystem der Menschheit. Von Generation zu Generation wurde diese traditionelle indische Heilkunst mündlich weitergegeben. Die ersten schriftlichen Aufzeichnungen der altindischen Gesundheitslehre wurden in der Suśruta Samhitā sowie in der Charaka Samhitā verfasst.

Ayurveda beschreibt leicht verständlich einen einfachen Weg, wie wir gesund und in Harmonie leben können. Dieser Weg bezieht nicht nur die Qualität der Nahrung ein, die wir zu uns nehmen, sondern stellt auch eine Verbindung her zwischen der grundlegenden Natur unseres Körpers und den Speisen, die für uns am bekömmlichsten sind. Ayurveda bietet uns auf diese Weise die Möglichkeit, ein gesundes Leben zu führen und zu genießen. In der seit Jahrtausenden erprobten und kontinuierlich praktizierten indischen Heilkunst wird der Mensch als unteilbare Einheit von Körper, Geist und Seele angesehen. Darüber hinaus werden die Wechselwirkungen unseres gesamten Organismus mit Natur und Umwelt berücksichtigt. Im ayurvedischen Gesundheitssystem steht also nicht die Gesundheit oder Krankheit einzelner Organe im Vordergrund, sondern unser ganzheitliches Wohlbefinden.

Je stärker die ayurvedische Gesundheitslehre und die aus ihr hervorgegangene Kochkunst mit den alten vedischen Weisheiten im Einklang sind, desto vollkommener werden sie uns nähren. Dabei geht es jedoch um weit mehr als unser körperliches Wohlbefinden. Ayurvedische Speisen erfreuen den Gaumen und das Herz. Sie erheben unser Bewusstsein und unterstützen unsere Selbstverwirklichung. Alle Aspekte der vedischen Kultur zielen darauf ab, uns aus dem Dilemma von Sorgen, Verwirrung und Ängsten zu erheben. Und genau dieses Ziel verfolgt letztendlich auch die vedische Kochkunst.

Ayurveda lässt sich in die unterschiedlichsten Ernährungslehren integrieren und für jeden Menschen individuell anwenden. Es vermittelt uns gesunde Alternativen, wie der Körper selbst schwer verdauliche Nahrung möglichst gut verwerten kann, und zeigt Vegetariern, Veganern, Rohköstlern und Flexitariern einen Weg auf, um bestmöglich von der eigenen Ernährungsweise zu profitieren.

In meinen Rezepten verwende ich nur Zutaten, die die innere Harmonie des Körpers nicht stören und das Bewusstsein nicht vernebeln. Aus diesem Grund verzichte ich auf Nahrungsmittel, die chemisch konserviert wurden oder künstliche Zusatzstoffe enthalten – und ebenso auf Fleisch, Fisch, Eier, Pilze, Zwiebeln und Knoblauch sowie auf alle Zutaten, die zuvor länger als drei Stunden gekocht wurden. Stattdessen verwende ich ausschließlich vegetarische Nahrungsmittel. Sie sollten frisch sein, gut aussehen, ebenso riechen und möglichst aus regionalem Bio-Anbau stammen. Derart zubereitete Speisen kann der Körper leicht in nährende Energie umwandeln. Sie stärken und beruhigen den Organismus und halten ihn rein und gesund.

Dieses Buch vereint „die Früchte" meiner langjährigen Tätigkeit als vedischer Koch und Chef der ayurvedischen Küche, die ich stets mit dem Wunsch ausführte, „Gott", die Quelle aller Existenz, und ebenso meine Gäste ganzheitlich zu erfreuen. So entstanden diese mehr als hundert vegetarischen Rezepte für Genießer.

Verwöhnen Sie sich und Ihre Gäste mit ayurvedischen Speisen der besonderen Art. Kochen Sie mit Liebe und widmen Sie sich ganz Ihrem Tun. Lassen Sie es zu einer meditativen Haltung werden. Möge tief empfundene Freude Ihr Begleiter auf dieser außergewöhnlichen kulinarischen Reise sein!

Ein paar Hinweise vorab

Indischen Tempeln entspringt die vedische Kochkunst mit ihrer zeitlosen Weisheit, Zutaten und Gewürze so zu kombinieren, dass ein Gericht ausgleichend und harmonisierend wirkt und sein Geschmack unvergesslich bleibt. Ganz im Sinne der ursprünglichen vedischen Küche wird in den Rezepten dieses Buches auf Fleisch, Fisch, Eier, Pilze, Zwiebeln und Knoblauch verzichtet. Die positiven Auswirkungen der zubereiteten Speisen auf Gemüt und Gesundheit beweisen ihre Vollkommenheit. Zudem zeichnet sich die indische Kochkunst durch eine Vielfalt an Farben und Geschmäckern in jeweils einer Mahlzeit aus.

Zur indischen Küche gehören Reis, Chapati, Dal, Sabji, Baji, Chutney, Raita, Pakora, Samosa und andere Snacks sowie verschiedenste Süßigkeiten:

Reis und Chapatis (dünne Vollkornfladen) sind die Grundnahrungsmittel der indischen Küche und bilden die Basis jeder Mahlzeit. Und das aus gutem Grund: Die wie Gold schimmernden Getreideähren repräsentieren die Glücksgöttin Lakshmi Devi – Krishnas gnädige Freudenkraft, die die Menschen mit Getreide segnet. In Südindien gibt es als Grundlage zudem Idlis (flache, runde Linsen-Reis-Kuchen) und Dosas (dünne, knusprige Pfannkuchen), die aus Urad Dal hergestellt werden.

Dal – ein Gericht aus Hülsenfrüchten mit oder ohne Gemüse – ist aus der indischen Küche ebenfalls nicht wegzudenken, denn Hülsenfrüchte versorgen Vegetarier mit lebenswichtigem Eiweiß.

Sabji ist ein saftiges und Baji ein trockenes angebratenes Gemüsegericht.

Ein Chutney wird meist aus Früchten oder frischen Kräutern gekocht oder roh zubereitet und wirkt immer erfrischend. In manchen Teilen Indiens gilt die Redensart: „Ein Chutney ist so sauer und scharf, dass man es kaum essen, aber so süß, dass man es nicht missen möchte." Das gilt zwar nicht für alle Chutneys, doch regen sie allesamt den Appetit an und bringen Schwung ins Essen.

Raita ist mit unserem Salat vergleichbar, allerdings ist seine Sauce anders gewürzt und besteht zum größten Teil aus Joghurt. Ein Raita enthält genauso viel oder oft sogar mehr Sauce als Gemüse. Es bringt Vielfalt ins Essen und fördert die Verdauung.

Pakoras sind frittierte, knusprige Gemüsestücke im Teigmantel. Sie bereichern ein gutes Essen oder werden als Zwischenmahlzeit in Kombination mit einem Dip genossen.

Samosas gehören zu den bekanntesten Snacks Indiens. Es sind Gemüsetaschen, die mit einem Dip oder einem Chutney serviert werden. Sie werden frittiert oder gebacken.

Natürlich finden Sie in diesem Buch noch viele weitere Snacks und köstliche Süßigkeiten. Es bringt Ihnen die Grundlagen der indischen Kochkunst näher, auf denen Sie aufbauen können. Doch ändern Sie ruhig die vorgeschlagenen Speisenfolgen und stellen Sie die Rezepte nach Ihrem Geschmack neu zusammen. Viele Menüs schmecken auch mit weniger Elementen sehr gut.

Probieren Sie nach Herzenslust aus: Die indische Kochkunst geht auf die Mystik indischer Spiritualität zurück und lässt Ihnen viel Raum für intuitive Kreativität. Mit Liebe und Hingabe zu kochen ist der Schlüssel zum Erfolg: die Freude am Kochen für den Nächsten. Daraus und aus den vielen verschiedenen Gewürzen und Kochtechniken entspringen immer wieder frische Ideen für neue Köstlichkeiten.

Bevor Sie beginnen:

- Kaufen Sie frisches, saisonales Obst und Gemüse aus regionalem Anbau in Bio-Qualität.
- Honig bitte auch nur kalt geschleudert und in Bio-Qualität verwenden.
- Milch und Sahne (wo sie tierischen Ursprungs ist) und alle anderen Zutaten ebenfalls stets in Bio-Qualität von Tieren aus artgerechter Haltung einkaufen.
- Waschen Sie sich vor dem Kochen die Hände und achten Sie generell auf Hygiene.
- Lesen Sie das Rezept vor Kochbeginn aufmerksam durch und bereiten Sie alles vor.

- Gemüse, Reis und Dal (Hülsenfrüchte) immer gründlich waschen.
- Alle Gewichtsangaben für Gemüse beziehen sich, wenn nicht anders angegeben, auf ungeschältes, ungeputztes Gemüse.
- Müssen Kartoffeln, Chana Dal, Kichererbsen und Co. vorgekocht werden, setzen Sie diese am besten gleich zu Beginn auf.
- Die vedische Kochkunst empfiehlt, die Speisen beim Kochen nicht abzuschmecken. Auf diese Weise können Sie sich darin üben, intuitiv, d. h., im Vertrauen auf Ihre innere, höhere Stimme zu kochen.
- Bewahren Sie stets Ruhe, auch wenn etwas anbrennt, überkocht oder sonst etwas Unvorhergesehenes passiert. In einem ruhigen Herzen kann sich ein glückliches Bewusstsein entfalten – und ein Gericht entstehen, das Freude schenkt.

Vegane Zutaten zum Ersetzen tierischer Zutaten

Wenn Sie Ihre Speisen vegan zubereiten wollen, sollten Sie die folgenden Zutaten jeweils durch vegane Alternativen ersetzen:

Ghee
Olivenöl und andere kalt gepressten Öle (für kalte oder gekochte Speisen), Bratöl (hocherhitzbares Pflanzenöl), Kokosfett und Maiskeimöl (bleiben, selbst wenn sie hoch erhitzt werden, gesund und genießbar; auch zum Frittieren geeignet)

Honig
Reissirup, Kokosblütensirup, Stevia-Flüssigsüße, Agavendicksaft, Ahornsirup

Milch
Getreide-, Nuss- oder Sojamilch (Reismilch, Hafermilch, Kokosmilch, Mandelmilch)

Naturjoghurt
Sojajoghurt

Sahne
Sojasahne oder eine andere vegane Sahne (Seite 25)

Wichtige Hinweise:

- **Die Rezepte ergeben, wenn nicht anders angegeben, jeweils 4 bis 6 Portionen.**
- **1 Löffeleinheit entspricht jeweils 1 gestrichenen Löffel.**

Die drei Lebensenergien

Nach der ayurvedischen Gesundheitslehre hat jeder Mensch eine individuelle Konstitution. Diese setzt sich aus den drei Lebensenergien **Vata**, **Pitta** und **Kapha** zusammen, die als *Doshas* bezeichnet werden. Ihr jeweiliger Anteil bestimmt seine energetische Grundkonstitution und wirkt sich auf die gesamte Physiologie seines Körpers aus. Aus diesen drei Doshas können sich zehn unterschiedliche Konstitutionstypen ergeben: Je nach vorherrschender Lebensenergie kann ein Mensch ein **Vata**-, **Pitta**- oder **Kapha-Typ** sein. Liegen jeweils zwei Energien in ähnlicher Stärke vor, kann entsprechend ein **Vata-Pitta-**, **Pitta-Vata-**, **Pitta-Kapha-**, **Kapha-Pitta-** oder **Vata-Kapha-** bzw. **Kapha-Vata-Typ** vorliegen (das jeweils vorn stehende Dosha zeigt an, welches der beiden stärker ausgeprägt ist). Bei Menschen, bei denen alle drei Lebensenergien gleichermaßen vorhanden sind, spricht man von einem **Tridosha-Typ**. (Zur Bestimmung Ihres Dosha-Typs siehe unter „Test zur Bestimmung Ihres persönlichen Konstitutionstyps", Seite 179 ff.)

Unsere individuelle energetische Grundkonstitution ist durch genetische Faktoren bestimmt, kann sich jedoch durch die Ernährungs- und Lebensweise während der Schwangerschaft noch verändern. Sie entspricht unserem natürlichen energetischen Zustand und bleibt von unserer Geburt an bis zum letzten Atemzug weitgehend gleich. Sind die Doshas im Gleichgewicht, so ist der Mensch gesund. Ein ausgeglichenes Verhältnis unserer Doshas stabilisiert Körper und Geist, unausgeglichen stören sie Wohlbefinden und Gesundheit. Wenn Sie Ihren Dosha-Typ kennen und sich nach den ayurvedischen Prinzipien des jeweiligen Energieprinzips ernähren, können Sie Ihrer eigenen energetischen Natur entsprechend leben und Ihren Körper bestmöglich nähren, um Freude, Wohlstand und Harmonie zu erfahren und geistig wie körperlich stabil und gesund zu bleiben. Einen Fragebogen zur Dosha-Bestimmung finden Sie am Ende dieses Buches. Er kann jedoch eine professionelle Diagnose bei einem ayurvedischen Arzt oder Therapeuten nicht ersetzen.

Die Doshas und ihre Eigenschaften

Vata-Dosha wird von den Elementen Luft und Raum (Äther) beherrscht und gilt im Ayurveda als das **Bewegungsprinzip**. Vata reguliert die Bewegungsabläufe unseres Organismus, was besonders für Atmung, Herzschlag und Verdauungsaktivität von lebenswichtiger Bedeutung ist. Es steuert unser Wachstum, aber auch die Aktivität unserer Sinnesorgane und unseres Geistes, sorgt für Wachheit, geistige Klarheit und stärkt unsere Kreativität. Vata wird auch als „Schrittmacher" unserer biologischen Aktivität bezeichnet. Es reguliert die Kommunikation und den Stofftransport im Körper.

Pitta-Dosha repräsentiert das **Umwandlungsprinzip**. Feuer und Wasser sind seine prägenden Elemente. Pitta reguliert das Verdauungssystem, den Stoffwechsel und die geistigen Fähigkeiten des Menschen. Durch Aufspaltung führt Pitta biochemische Umwandlungen herbei, wodurch Energie freigesetzt wird.

Kapha-Dosha steht für das **Strukturprinzip**. Wasser und Erde sind seine Hauptelemente. Kapha ist für den Zusammenhalt und die Stabilität unserer Körperstrukturen verantwortlich, reguliert den Flüssigkeitshaushalt und stärkt unsere Abwehrkräfte. Vata ist die aufbauende und erhaltende Wirkkraft, die den Körper vor Verschleiß durch Bewegung und Überhitzung schützt.

In der *Charaka Samhitā*, die auch heute noch als eine der maßgeblichen Schriften des Ayurveda angesehen wird, werden die Eigenschaften der drei Lebensenergien wie folgt beschrieben:

- **Vata** ist kalt, trocken, rau, leicht, beweglich, fein und klar.
- **Pitta** ist heiß, leicht, penetrierend, flüssig, leicht ölig, sauer und scharf.
- **Kapha** ist kalt, feucht, schleimig, schwer, unbeweglich, weich und süß.

Wichtige biochemische Substanzen unseres Organismus wie Enzyme, Hormone, Neurotransmitter oder Neuropeptide brauchen ein bestimmtes Körpermilieu, um ihre Wirkung optimal entfalten zu können. Die ayurvedische Gesundheitslehre unterscheidet auf der Grundlage der in der Charaka Samhitā beschriebenen fein differenzierten Eigenschaften Milieus wie feucht oder trocken, heiß oder kalt, flüssig oder fest, beweglich oder unbeweglich usw. Sie gehen weit über die in der westlichen Medizin verbreitete Unterscheidung von basischem und saurem Körpermilieu hinaus. Diese feine Differenzierung macht es möglich, den äußerst komplexen menschlichen Körper sowie seine dynamische Natur besser zu verstehen und zu behandeln.

Die drei Doshas gelten im Ayurveda als Kräfte, die Milieuveränderungen steuern, wodurch unser gesamtes körperliches Wohlbefinden beeinflusst wird. Ist ein Dosha überaktiv, so vermehren sich seine Eigenschaften spürbar auf körperlicher, emotionaler und geistiger Ebene. Ist es dagegen eher inaktiv, so verringern sich seine Eigenschaften oder verschwinden vollständig. Durch unsere Ernährung, unsere emotionale Verfassung und durch klimatische Veränderungen kann sich das natürliche Gleichgewicht unserer Doshas verschieben oder stabilisieren.

Die sechs Geschmacksrichtungen

Die Ernährung ist nach der ayurvedischen Gesundheitslehre von zentraler Bedeutung für Wohlbefinden und Gesundheit, denn mit der Nahrung nehmen wir lebenswichtige Energie auf. Sie sollte ausgewogen sein und unserer natürlichen Dosha-Konstitution entsprechen. Dies erreichen wir, indem wir die Gewürze richtig einsetzen, die **sechs Geschmacksrichtungen (*rasa*) Süß, Sauer, Salzig, Scharf, Bitter** und **Herb (Zusammenziehend)** in unseren Speiseplan integrieren und unserem Dosha-Typ entsprechend zusammenstellen.

Nach der ayurvedischen Unterscheidung in sechs Geschmacksrichtungen gelten die folgenden vegetarischen Nahrungsmittel als

süß (*madhura*): Getreide, Nudeln, Reis, Süßkartoffeln, Karotten, Obst, Mandeln, Honig, Rohrzucker, Ghee, Butter, Milch, Fette aus Ölsaaten und Nüssen, Eiweiß aus Milchprodukten und Hülsenfrüchten (Dal, Kichererbsen, Mungbohnen), Brot, Gebäck

sauer (*amla*): Tomaten, Zitrusfrüchte, Amla, fermentierte Nahrungsmittel (Sauerkraut), Joghurt, Käse, Alkohol

salzig (*lavana*): Meersalz ist eher für Vata, Steinsalz ist für alle Doshas geeignet

scharf (*katu*): Asafoetida, Chili, Galgant, Ingwer, Kreuzkümmel, Meerrettich, Nelken, Paprika, schwarzer Pfeffer, Pfefferminze, Senfsamen, Zimt (sowie Knoblauch und Zwiebeln)

bitter (*tikta*): Artischocke, Bittergurken, Chicorée, Endivien, Löwenzahn, Schafgarbe, Tausendgüldenkraut, Neemblätter, Bockshornklee, Kardamom, Koriandersamen, Kümmel, Kurkuma, Kaffee

herb (*kasaya*): Buchweizen, Maismehl, Linsen, Erbsen, Brennnessel, Koriander, Rhabarber, Sellerie, Spinat, Honig, Mostbirne, nicht gereifte Bananen, herbe Heilkräuter, Rinde des Walnussbaumes, Ashoka- oder Arjunarinde; Pulver aus getrockneten, grünen Fruchthüllen

Süß, Sauer und Salzig beruhigen **Vata**-Dosha, Scharf, Bitter und Herb wirken anregend.

Süß, Bitter und Herb besänftigen **Pitta**-Konstitutionen, Salzig, Scharf und Sauer verstärken es.

Scharf, Bitter und Herb harmonisieren **Kapha**-Dosha, Süß und Salzig betonen es und Sauer vermehrt es leicht.

Der Mensch is(s)t, was er verdaut!

Aufgrund der individuellen Funktionsweise des Verdauungsfeuers **Agni** unterscheidet sich die geeignete Nahrung je nach Dosha-Typ von Mensch zu Mensch. Agni steuert unseren gesamten Verdauungsvorgang und sorgt für die vollständige Verwertung der Nahrung. Die Beschaffenheit unseres Agni können wir gezielt mit Nahrungsmitteln ausgleichen, die unserer Konstitution entsprechen. Menschen mit hohem Vata-Anteil haben häufig ein schwankendes oder labiles Agni. Pitta-Typen verfügen meist über ein starkes Verdauungsfeuer, das jedoch oft überhitzt ist. Und das Agni von Kapha-Menschen ist häufig stabil, aber klein.

Durch falsche Ernährungsweise und ungesunden Lebensstil können sich die Doshas verschieben, verringern oder vermehren. Unser natürliches Gleichgewicht gerät aus dem Lot, wodurch unsere natürliche Lebensenergie empfindlich gestört wird. Diese Verschiebung manifestiert sich schließlich in Form von Körpersäften, die als Schlacken in Gewebe und Gelenken eingelagert werden.

Schlacken oder toxische Ablagerungen werden im Ayurveda als **Ama** bezeichnet. *Ama* bedeutet „ungekocht". Diese Schlacken sind das Produkt eines schwachen Agni. Wenn Nahrungsmittel aufgrund eines schwachen Agni vom Körper nicht vollständig verbrannt und durch den Verdauungstrakt ausgeschieden werden, entstehen unverwertete, klebrige und übelriechende Abfallprodukte, die sich in Körpergeweben und Gelenken ablagern und diese stark belasten. Um uns von Ama zu befreien, müssen wir unser Agni stärken. Dadurch kann der Körper die nicht verbrannten Ablagerungen verwerten und schließlich ausscheiden.

Die Reinheit unseres Körpers bildet die Grundlage für unser Wohlbefinden und unsere Gesundheit. Durch angestautes und degeneriertes Vata, Pitta oder Kapha können die unterschiedlichsten Krankheiten entstehen. Die Ansammlung von Ama ist neben dem Ungleichgewicht unserer Doshas die zweithäufigste Krankheitsursache. Daher unterscheidet die ayurvedische Gesundheitslehre zwischen Krankheiten, an denen Ama beteiligt ist, und Krankheiten ohne Ama.

Das Verdauungsfeuer stärken

Ein gestörtes Agni führt zu Verdauungsstörungen wie Völlegefühl, Blähungen oder Sodbrennen sowie zu Schlackenbildung, verschlechtert unser Hautbild und macht unseren Geist träge. Je nach Art der Beschwerden, der Beschaffenheit unserer Ausscheidungen sowie unserer Verdauungstätigkeit können wir erkennen, welche Nahrungsmittel der Körper gut verdauen kann und welche unseren Organismus belasten.

Ein schwaches Agni können Sie ausgleichen, indem Sie

- die Abfolge Ihrer Speisen harmonisch aufeinander abstimmen;
- die Nahrung gründlich kauen und gut einspeicheln;
- maßvoll essen;
- enzymreiche Nahrungsmittel wie bittere Blattgemüse und Salate, scharfe Gewürze und einen verdauungsfördernden Trunk wie Rasam (Seite 15) zu sich nehmen;
- auf kalte Getränke sowie trockene Nahrungsmittel verzichten;
- morgens bzw. vor einer schweren Mahlzeit 1 Tasse heißes Ingwerwasser (Seite 15) trinken;
- vor dem Essen sowie mehrmals täglich Atemübungen machen und sich bewegen;
- nach dem Essen etwas frisch gehackte und mit Salz vermischte Ingwerwurzel (Seite 19) zu einem Brei zerkauen und hinunterschlucken;
- Ihrem Körper genügend Zeit zum Verdauen der Nahrung geben (mindestens vier Stunden) und auf Zwischenmahlzeiten verzichten. So geben Sie einem schwachen Agni die Möglichkeit, die aufgenommene Nahrung ausreichend zu verwerten;
- Fastentage einlegen und in die Sauna gehen.

Weitere Gründe für Verdauungsstörungen

Bei Müdigkeit nach dem Essen und Heißhunger auf Süßes

Isst man auf der einen Seite zu viel und kombiniert die Nahrungsmittel auf der anderen Seite falsch, kann es nach dem Mittagessen zu typischen Verdauungsstörungen mit Völlegefühl, körperlicher und geistiger Müdigkeit sowie Heißhunger auf Süßes kommen.

Tipps aus dem Ayurveda:

- Füllen Sie Ihren Magen nur zu drei Vierteln: ein Viertel mit Wasser, die Hälfte mit Speisen und ein Viertel mit Luft. Essen Sie in Maßen, langsam und mit Genuss. (Meist ist der Magen halb mit Speisen gefüllt, wenn das erste Mal Luft aufstößt.)
- Genießen Sie ferner sehr süße und saure Speisen nicht zusammen und essen Sie schwer verdauliche Nahrungsmittel (wie z. B. Wassermelone, die sehr kühlend wirkt) separat. Mischen Sie saure Eiweiße weder untereinander noch mit Kohlenhydraten (eine Ausnahme bildet hier der Reis) und verzehren Sie frische Früchte (außer süße, reife Mango) nicht mit Milch oder Joghurt.

Bei Mangel an sauren Verdauungssäften und Enzymen

Sollten Sie nach dem Essen Lust auf Süßes haben, obwohl Sie eigentlich satt sind, so ist dies ein Hinweis darauf, dass die saure Geschmacksrichtung (amla) nicht gut verdaut wird. Gründe dafür sind ein gestörter Verdauungsprozess sowie eine verminderte Enzymtätigkeit. Dadurch kann flüssige oder bereits gelöste Nahrung im Magen- sowie Dünndarmbereich nur eingeschränkt aufgenommen und nicht ausreichend aufgespalten werden.

Tipps aus dem Ayurveda:

- Verzichten Sie auf große Portionen kohlenhydratreicher Nahrungsmittel wie Kartoffeln, Teigwaren oder Getreide. Sie werden in der ayurvedischen Gesundheitslehre der Geschmacksrichtung Süß (madhura) zugeordnet und können je nach Konstitutionstyp zu einer Verminderung der sauren Verdauungssäfte im Magen führen, wodurch die aufgenommene Nahrung nicht vollständig aufgeschlüsselt werden kann.
- Frischer Ananassaft ist voller Enzyme, die unserem Körper beim Verdauen helfen.
- Verzehren Sie stattdessen leicht verdauliche Speisen wie etwa Mungbohnen mit Reis und 1 Spritzer Zitronensaft und/oder Speisen, die die Geschmacksrichtungen Scharf (*katu*) und Bitter (*tikta*) betonen.

Bei Übersäuerung durch Pitta-Überschuss

Wenn sich in Ihrem Körper zu viel Pitta angesammelt hat, kann es zu Magen- und Sodbrennen, saurem Aufstoßen oder auch Durchfall kommen.

Tipps aus dem Ayurveda:

- Gut bekömmlich sind alle Eiweiße – außer Hülsenfrüchte – sowie süße und bittere Speisen, die genügend Fett enthalten.
- Gegen die Übersäuerung helfen Kartoffeln, Wurzelgemüse, Spinat und bittere Salate. Sie können zu einer schnellen Linderung der Beschwerden führen, aber auch Pitta reduzierende Gewürze wie Fenchel, Kurkuma und Kardamom sind geeignet.
- Meiden Sie saure Nahrungsmittel wie Zitrusfrüchte und Tomaten und verzichten Sie auf Schwarztee, Kaffee und Alkohol.

Dosha-Störungen erkennen und ausgleichen

Im ständigen Wandel des Lebens immer wieder ein gesundes Gleichgewicht der Doshas zu schaffen ist das Ziel einer ayurvedischen Ernährung. Sie kann unser Gleichgewicht bei einem Überschuss einer Dosha-Eigenschaft mit Nahrung wiederherstellen, die entgegenwirkende Eigenschaften besitzt. Ein Mangel bestimmter Dosha-Eigenschaften kann mit ergänzender Nahrung ausgeglichen werden. Zudem können wir gezielt auf die Nahrungsmittel verzichten, die unser natürliches Dosha-Gleichgewicht beeinträchtigen.

Vata-Störungen

Die Verdauung der Vata-Energie findet im Dickdarm statt. Er entzieht der Nahrung die Flüssigkeit und scheidet nicht verwertete Nahrungsbestandteile aus. Bei gestörter Vata-Verdauung kommt es nach dem Essen häufig zu Blähungen, Völlegefühl, körperlicher Schwäche in Kombination mit Heißhunger sowie zu geistiger Trägheit. Langfristig können daraus zudem Verstopfung und ein geschwächtes Immunsystem resultieren.

Während der Dickdarm die Nahrung verwertet, steuern die *dathu agnis,* die Agnis der sieben Körpergewebe, den Zellstoffwechsel im Körper. Beim Essen sind Ruhe und Entspannung für die Vata-Verdauung sehr wichtig, damit Ihr Körper seine Verdauungskräfte sammeln kann. Geben Sie Ihrer Verdauung zudem nach dem Essen die Möglichkeit, sich zu entspannen, damit sich ausreichend Feuerenergie im Verdauungstrakt sammeln kann. Sie sorgt dafür, dass die Nahrung gut verdaut und aufgespaltet wird, um schließlich für den Zellstoffwechsel zur Verfügung zu stehen. Besonders wenn Sie sich nach dem Essen oft körperlich und geistig erschöpft fühlen oder unter Blähungen leiden, sollten Sie sich vor und nach dem Essen 15 Minuten Ruhe gönnen. Meiden Sie während und nach dem Essen Aufregung, Stress und sportliche Aktivitäten.

Menschen mit einem Vata-Ungleichgewicht sollten auf sehr kalte, bittere und harte Nahrungsmittel verzichten und stattdessen warme, würzige, saftige und leicht verdauliche Speisen zu sich nehmen. Gewürze wie Anis, Sternanis, etwas schwarzer Pfeffer, Ajwain, Ingwer, Nelke, Petersilie, Safran und Zimt gleichen Vata-Störungen aus und fördern die Verdauung. Für die Mittagsmahlzeit eignet sich beispielsweise Reis mit mildem Gemüse wie etwa Möhren, Fenchel oder Zucchini und einem mildwürzigen Früchte-Chutney oder Raita sowie ein leichtes Dessert. Am Abend wird eine warme Suppe mit wenigen Kohlenhydraten, falls der Hunger groß ist, sehr gut vertragen.

Pitta-Störungen

Die Pitta-Verdauung geschieht in Magen, Zwölffingerdarm und Dünndarm. Die *bhuta agnis*, die fünf Verdauungsfeuer der Leber, steuern die Aufspaltung der Nahrung in die fünf Elemente, regulieren die Verwertung von Eiweißen und die Aufnahme von Säuren. Wenn Sie unmittelbar nach dem Essen Magen- oder Sodbrennen bekommen, sauer aufstoßen müssen oder plötzlich Heißhunger auf Süßes haben, so deutet dies auf eine Störung des Pitta-Stoffwechsels hin. Um langfristig eine Übersäuerung zu verhindern, sollten Sie ausgleichende Nahrungsmittel zu sich nehmen und diese richtig kombinieren sowie Pitta reduzierende Gewürze verwenden, die Ihren Stoffwechsel anregen.

Verzichten Sie auf scharfe und saure Speisen, essen Sie regelmäßig und nicht zu spät. Vermeiden Sie großen Hunger, durch ihn wird die Pitta-Produktion angekurbelt. Um den Pitta-Stoffwechsel wieder ins Gleichgewicht zu bringen, beginnen Sie zudem Ihre Mahlzeiten am besten mit süßen, kühlenden Speisen. Greifen Sie zu bitterem Gemüse und Salaten sowie zu Wurzelgemüse mit süßlichem Geschmack. Essen Sie langsam, speicheln Sie alles gut ein, kombinieren Sie Ihre Nahrungsmittel richtig und verzichten Sie auf saure Milchprodukte, Schwarztee, Kaffee und Alkohol. Auf diese Weise können Sie die Bildung von Säureüberschüssen vermeiden und Pitta reduzieren.

Heißhunger auf Süßigkeiten ist zudem ein Anzeichen dafür, dass Ihr Magen nicht genügend Säuren bildet und Eiweiße nicht ausreichend aufspalten kann. Ein enzymreicher Ananassaft und eine große Portion Salat mit Zitronensaftdressing vor der Mahlzeit können hier Abhilfe schaffen.

Kapha-Störungen

Die Aufnahme und Verdauung der Kapha-Energie wird durch das Jathar-Agni gesteuert und findet im Mund statt. Wenn Sie sich beim Essen wohlfühlen und einen gesunden Appetit haben, wird Kapha gut aufgenommen und die erste Verdauungsphase von der Speiseröhre zum Magen verläuft reibungslos. Ob die Kapha-Verdauung ausgeglichen ist und die Kohlenhydrate vom Körper gut aufgespalten werden können, zeigt sich also bereits beim Essen.

Wenn Sie sich während des Essens jedoch müde fühlen und wenig Appetit haben, so deutet dies auf eine Kapha-Störung hin: Ihr *jathara agni,* das Bauch- oder Verdauungsfeuer, ist schwach und im Speichel werden zu wenig Enzyme gebildet. Langsames Essen, gründliches Kauen und die maßvolle Aufnahme von vorwiegend warmer Nahrung stärken dieses Agni. Eine Kapha-Störung lässt sich zudem ausgleichen, indem Sie weniger essen und dem Verdauungs-apparat zwischen den Mahlzeiten mindestens
4 Stunden Zeit lassen. Verzichten Sie während dieser Zeit auf kleine Mahlzeiten und beginnen Sie Ihre Mahlzeiten mit etwas Rasam (Seite 15), das Sie gründlich einspeicheln und sorgfältig kauen. Kräftige, schärfere Gewürze – wie Ingwer, etwas Chili, Kreuzkümmel, Pfeffer und Kurkuma – sowie etwas Salz sind sehr bekömmlich. Nehmen Sie keine kalten Getränke zu sich und verzichten Sie eine halbe Stunde vor den Mahlzeiten darauf, etwas zu trinken. Und sorgen Sie zudem für ausreichend Bewegung.

Der ideale Speiseplan für Ihren vitalen Alltag

Achten Sie bei jeder Mahlzeit auf die Tageszeit, die Zusammenstellung und die Aufeinanderfolge der Speisen. Verwenden Sie nur frische, zu Ihrer Konstitution passende Zutaten in Bio-Qualität. Reinlichkeit in der Küche, Freude am Kochen, eine einladende Dekoration des Buffets und des Tischs, ein guter Duft, beruhigende Musik, ein angenehmes Licht und leckere Speisen in verschiedenen Farben und Geschmacksrichtungen. Die Mahlzeiten zu den verschiedenen Tageszeiten können Sie wie im Folgenden beschrieben begehen:

Zum Frühstück
Zwischen 6 und 10 Uhr ist das Kapha-Dosha dominant; unsere Verdauungssäfte sind also morgens noch schwach. Trinken Sie früh morgens 1 bis 2 Gläser von einem heißen Getränk – etwa Ingwerwasser (Seite 15), um den Stoffwechsel anzuregen und Ihr inneres Feuer (Agni) richtig in Schwung zu bringen (keinen Tee oder Kaffee, denn diese wirken vormittags zu stark säurebildend). Genießen Sie zwischen 8 und 10 Uhr ein zu Ihrer Konstitution passendes leichtes Frühstück (siehe unter „Ayurvedisches Frühstück", Seite 31).

Zum Mittagessen
Von 10 bis 14 Uhr ist das Pitta-Dosha sehr aktiv. Agni erreicht zu dieser Tageszeit – wie die Sonne – den Zenit. Also genießen Sie jetzt ein vollständiges Menü. Es sollte sowohl farblich als auch geschmacklich ein Freudenfest sein und das individuelle Wohlbefinden fördern.

Am Nachmittag
Von 14 bis 18 Uhr dominiert das Vata-Dosha. Müdigkeit, Nervosität und Essgelüste suchen die innere Leere, die durch das Luftelement verursacht wird, zu besänftigen. In dieser Zeit ist die Verdauungskraft sehr labil und Ihr Körper kann nur schlecht Energie aufnehmen und speichern. Ein Masala Chai oder andere beruhigende Tees, wie z. B. Fenchel, Melisse oder Johanniskraut – mit ein paar Keksen serviert –, sind jetzt geradezu ideal.

Zum Abendessen

In der Zeit von 18 bis 20 Uhr dominiert das Kapha-Dosha. Leichte, wärmende Speisen sind ein bekömmliches Abendessen. Eine Suppe, leichtes Getreide, wie z. B. heller Basmatireis, Hirse oder Quinoa, Kartoffelbrei und/oder ein Gemüsegericht (das Gemüse sollte nur mit wenig Öl gebacken sein) sind am Abend sehr bekömmlich.

Essen Sie nach 20 Uhr zu schwer, zu kalt oder zu sauer – wie beispielsweise zu viel Süßes oder salziges Gebäck, Salate oder Joghurt –, dann kann dies Ihre körperliche Erneuerung und den Gewebeaufbau behindern sowie eine Kapha-Störung verursachen und dem Organismus Energie rauben.

Spät abends

Da von 22 bis 2 Uhr das Pitta-Dosha viel Einfluss hat, ist Ihr inneres Feuer in dieser Zeit sehr stark und aktiv. Nicht Verdautes wird verdaut und Ihr Dhatu-Agni arbeitet an der Zellerneuerung und am Gewebeaufbau. Daher sollten Sie nicht zu spät schlafen gehen, denn ein völlig entspannter Zustand (Tiefschlaf) ist für diese Aktivitäten des Körpers ideal. Beanspruchen Sie allerdings zu so später Zeit den Magen, kann das Agni seine Arbeit nur schlecht erledigen.

In der Nacht

Falls Sie nach 22 Uhr noch großen Appetit verspüren, trinken Sie eine heiße Milch mit Ingwer, Safran oder Kurkuma, Kardamom, evtl. mit gemahlener Muskatnuss und etwas Vollrohrzucker oder Honig, oder essen Sie ein paar Nüsse oder Datteln ... und kauen Sie diese gründlich.

Zwischen 2 und 6 Uhr wird durch das Vata-Dosha die aus der gut verdauten Nahrung gewonnene Lebensenergie im Körper verteilt, die entstandenen Abfallprodukte werden gesammelt und entsorgt.

Essen für eine gute Verdauung

Mit dem Verzehr der sechs Geschmacksrichtungen (siehe Seite 11) in der richtigen Reihenfolge können wir Verdauungsstörungen, aber auch Müdigkeit und Erschöpfung nach dem Essen verhindern. Wenn Sie darauf achten, können Sie Ihren Körper zudem darin unterstützen, alle Speisen vollständig zu verdauen und zu verwerten.

Mahlzeiten nach den sechs Rasas gestalten

Die sechs Geschmacksrichtungen werden in der Reihenfolge Süß, Sauer, Salzig, Scharf, Bitter und Herb (Zusammenziehend) verdaut. Die ayurvedische Gesundheitslehre empfiehlt daher, die *Rasas* auch in dieser Abfolge zu sich zu nehmen: Zu Beginn der Mahlzeit wirkt die süße Geschmacksrichtung ausgleichend auf die Vata-Energie, die erhöht ist, wenn wir hungrig sind. Süße Speisen werden laut Ayurveda zudem vom Körper zuerst verdaut. Das Hauptgericht sollte aus den Geschmacksrichtungen Sauer und Salzig bestehen. Sie regen das Verdauungsfeuer an und harmonisieren Pitta. Um zu verhindern, dass sich Kapha nach dem Essen erhöht, folgen zum Abschluss der Mahlzeit die Rasas Scharf, Bitter und Herb (zusammenziehend).

„Die Reihenfolge der Rasas – nämlich Süß, Sauer, Salzig, Scharf, Bitter, Herb – hat eine Bedeutung. Der nachfolgende Geschmack ist immer schwächer als der vorangegangene. Sauer wirkt weniger dominant als Süß, Bitter ist schwächer als Scharf."
Bhavaprakasha, Purvakhanda, Mishra Prakarana, Rasa

Tipps aus dem Ayurveda:

- Ganz oben auf dem Speiseplan stehen süße und warme kohlenhydratreiche Speisen wie Getreidegerichte oder süße Gemüse. Sie sollten den Hauptteil der Nahrung ausmachen, denn sie liefern uns den Brennstoff für die Zellen und versorgen den Körper mit Wärme und Energie. Ein mildes Linsengericht kann mit Getreide kombiniert werden und Menschen mit viel Pitta können das Dessert ruhig als Vorspeise genießen.
- Nach ein paar Löffeln dieser süßen Gerichte kommen leicht saure und scharfe Speisen an die Reihe: Essen Sie z. B. ein säuerliches Gemüsegericht mit Gewürzen und Tomate, einen kleinen Salat mit saurer Sauce, eine saure Suppe, ein Chutney mit Tamarindenpaste oder Zitronensaft mit den süßen Speisen. Sehr süße und sehr saure Nahrungsmittel sollten Sie jedoch nicht zusammen verzehren, da sie gemeinsam nicht gut verdaut werden können.
- Anschließend wenden Sie sich den Eiweißen zu, die zur Aufspaltung ein sehr saures Verdauungsmilieu benötigen, z. B. Joghurt, tierische Eiweiße, Soja und andere Produkte aus Hülsenfrüchten. Eiweißreiche Nahrungsmittel sollten Sie nur mit Reis als Beilage verzehren.
- Um ein Gefühl von Leichtigkeit zu erzeugen und den gesamten Verdauungsvorgang anzuregen, runden Sie Ihre Mahlzeit mit bitteren und herben Speisen wie einem Salat mit einem fein-öligen Zitronensaftdressing ab.
- Nach Belieben können Sie Ihre Mahlzeit auch mit einem Dessert abschließen. Kapha-betonte Menschen sollten allerdings auf den Nachtisch verzichten und stattdessen einen Kräuter- oder Yogitee genießen.
- Buttermilch oder eine sauer-scharf gewürzte wässerige Linsensuppe eignen sich ebenfalls gut.
- Eine halbe Stunde nach dem Essen tut ein Digestif – etwa ein frisch gepresster Saft aus Artischocke, Löwenzahn oder Brennnesseln – gut. Er sollte stets der Hauptmahlzeit entgegengesetzte Eigenschaften besitzen.

Ayurvedische Hausmittel

Die folgenden Rezepte haben sich durch ihre Agni stärkende Wirkung besonders bei Verdauungsbeschwerden als heilsame Hausmittel erwiesen. Sie fördern die Verdauung und stärken zudem das Immunsystem.

Rasam

Für etwa ½ Liter Rasam

500 ml Wasser
1 Tomate
3 Ananasscheiben (frisch oder aus der Dose)
12 schwarze Pfefferkörner
2 TL Kreuzkümmelsamen
1½ EL frische Ingwerwurzel, gerieben
1 Handvoll frische Korianderblätter, fein gehackt
1 getrocknete Chilischote
1 EL Sonnenblumenöl
1 TL schwarze Senfkörner
1 TL Urad Dal
2 Msp. Asafoetida
15 frische Curryblätter
1½ TL Tamarindenpaste (Seite 26)
1½ TL Salz

Tomate häuten (siehe Seite 21), in kleine Stücke schneiden und von Hand zerdrücken. Ananasscheiben in kleine Würfel schneiden. Pfefferkörner und Kreuzkümmelsamen in einer Pfanne ohne Fett oder Öl anrösten (siehe Seite 20 f.), bis ein würziger Duft aufsteigt (nicht bräunen!). Dann mit Ingwer und Korianderblättern im Mörser oder Mixer zu einer Paste mahlen.

Die Chilischote zerbröseln. Sonnenblumenöl in einer Pfanne erhitzen und Senfkörner darin anrösten, bis die meisten aufgesprungen sind. Vorsicht, das Öl sollte nicht zu heiß werden (siehe Seite 21 f.)! Chili und Urad Dal bei niederer Hitze 15 Sekunden lang mit anrösten. Asafoetida und Curryblätter dazugeben und 15 Sekunden darin schwenken.

Die Tomaten- und Ananasstücke, die Gewürzpaste sowie Wasser, Tamarindenpaste und Salz hinzufügen und 8 Minuten köcheln lassen, vom Herd nehmen und sofort servieren.

Tipps: Sie können die Tomaten auch mit der Gewürzpaste pürieren. Garnieren Sie diese Suppe zudem mit frischen Korianderblättern.

Diese indische Suppe stärkt das Agni und unterstützt die Verdauung sowie den Stoffwechsel. Zudem wirkt sie sehr effektiv gegen Erkältung und Husten.
Außerdem erhöht sie Pitta und reduziert Kapha.

Ingwerwasser

Für etwa ¾ Liter Ingwerwasser

30–50 g frische Ingwerwurzel, gerieben oder klein geschnitten
1 l Wasser

Den Ingwer in einen Topf geben, mit dem Wasser übergießen und 10 Minuten köcheln lassen. Wenn Sie das Ingwerwasser auf 350 Milliliter einkochen lassen, wird seine Wirkung noch einmal verstärkt.

Tipp: Das Ingwerwasser am besten morgens vor dem Frühstück in kleinen Schlucken so heiß wie möglich trinken. Nach einer schweren Mahlzeit bringt Ingwerwasser die Verdauung auf Trab.

Ingwerwasser bringt Agni in Schwung, fördert die Verdauung und regt den Stoffwechsel bei allen drei Doshas an.

Ingwer mit Honig

2 EL frische Ingwerwurzel, geraspelt
3 EL Honig *oder* ein veganes Süßungsmittel der Wahl (siehe Seite 24 f.)

Die geraspelte Ingwerwurzel kräftig mit der Hand auspressen und dabei den Saft auffangen. Den Ingwersaft gründlich mit Honig vermischen.

Bei Erkältung, Verschleimung, Halsschmerzen oder Verdauungsstörungen können alle drei Doshas jede Viertelstunde 1 bis 2 Teelöffel Ingwer mit Honig langsam im Mund zergehen lassen.

Ingwer mit Salz

50 g frische Ingwerwurzel
etwas Salz in einem Schälchen

Den Ingwer schälen, in kleine Würfel bzw. Stifte schneiden oder fein hacken und in dem Salz wälzen.

Bei Verdauungsbeschwerden oder Husten können alle drei Doshas ein wenig davon zu einem feinen Mus zerkauen und hinunterschlucken.

Wärmender Ingwer-Pfeffer-Trunk

ca. 6 Msp. Salz
1 TL getrocknetes Ingwerpulver
7 schwarze Pfefferkörner, gemahlen
400 ml heißes Wasser

Salz, Ingwer und Pfefferkörner in einen Topf geben und mit dem heißen Wasser übergießen. Die Zutaten gut durchmischen und in kleinen Schlucken so heiß wie möglich trinken.

Diese Mischung wirkt schnell und effektiv bei allen drei Doshas gegen akute Bauchkrämpfe und Verdauungsstörungen.

So wird's gemacht

Dämpfen
Einen Topf mit passendem Deckel zu einem Viertel mit Wasser füllen. Ein möglichst genau passendes Sieb auf den Topf setzen, das Gargut in das Sieb hineingeben und zugedeckt über dem kochenden Wasser dämpfen.

Frittieren
Zum Frittieren verwenden Sie beispielsweise raffiniertes Erdnussöl oder andere naturreine, geschmacksneutrale und hoch erhitzbare Pflanzenöle. Am besten ist Maiskeimöl oder Kokosfett geeignet.

Das Frittieröl in einer hohen Pfanne, einem flachen, breiten Topf oder in einer Fritteuse auf 170 bis 180 °C erhitzen.

Beginnt das Öl zu rauchen, ist es überhitzt und schadet Ihrer Gesundheit. Dann sollten Sie es nach dem Gebrauch entsorgen. Ansonsten können Sie es ruhig mehrfach verwenden.

Sofern nicht anders angegeben, das jeweilige Frittiergut unter regelmäßigem Wenden frittieren, bis es goldbraun ist. Dann herausnehmen und in einem Sieb abtropfen lassen.

Backen
Wenn nicht anders angegeben, eine Backofentemperatur von etwa 200 °C mit Ober- und Unterhitze einstellen.

Das Gemüse mit reichlich Öl bestreichen (oder das Gemüse in Öl mit etwas Salz wenden), auf einem Backblech verteilen und im vorgeheizten Backofen backen.

Gewürze anrösten
Laut Ayurveda eignet sich Ghee am besten zum Anrösten von Gewürzen. Als vegane Alternative können Sie Kokosfett, Maiskeimöl, ein naturreines Bratöl oder andere geschmacksneutrale Pflanzenöle verwenden.

Achten Sie darauf, dass das Öl oder Fett nicht so heiß wird, dass es raucht. Olivenöl auf keinen Fall zu stark erhitzen, da es ansonsten seine hochwertige Qualität einbüßt. Wenn die Gewürze hinzugefügt werden, sollte das Öl oder Fett leicht brutzeln.

Oft werden mehrere Arten von Gewürzen verwendet: Sofern nicht anders angegeben, Öl oder Fett erhitzen und zuerst die unzerkleinerten Gewürze (Samengewürze) hineingeben. Sobald diese goldbraun sind und einen angenehmen

Duft verströmen, sofort die gemahlenen Gewürze hinzufügen, umrühren und nach etwa 3 Sekunden die frischen Gewürze (wie z. B. gehackte Blätter oder grüne Chilischoten) dazugeben. Diese 10 bis 15 Sekunden mit anrösten und sofort unter das jeweilige Gericht mischen.

Ausnahmen:
Senfkörner springen erst bei ziemlich hoher Temperatur auf. Daher sollten Sie dafür Bratöl (z. B. Maiskeimöl oder Kokosfett) verwenden. Dieses erhitzen, Senfkörner hinzugeben und die Temperatur etwas erhöhen, falls die Senfkörner nach etwa 10 Sekunden nicht zu springen beginnen. Sobald sie richtig explodieren, die Pfanne zudecken, die Hitze reduzieren oder die Pfanne am besten kurz vom Herd nehmen und wie im jeweiligen Rezept beschrieben weiterarbeiten.

Beim **trockenen Anrösten** werden die Zutaten ohne Fett oder Öl in einer Pfanne geröstet.

Hilfe bei Ansetzen und Anbrennen

Setzt eine Speise an, etwas Wasser dazugeben, die Pfanne oder den Topf kurz vom Herd nehmen und das Gargut nach 1 Minute mit einem flachen Löffel (Schaber) abschaben. Danach wenden. Brennt Ihr Gargut richtig an, sollten Sie unverzüglich die Pfanne oder den Topf wechseln.

Tomaten häuten

Die Tomaten in kochendes Wasser legen, bis die Haut Risse bekommt (etwa 1 bis 2 Minuten), Tomaten herausnehmen, abtropfen und abkühlen lassen und die Haut abziehen.

Kurkumawasser für Kochbananen

Um ein Braunwerden (Oxidieren) zu verhindern, vorbereitete Kochbananen in Kurkumawasser einlegen. Dafür 1 Esslöffel Kurkuma (Gelbwurz) in ½ Liter Wasser geben.

Gewürze, Gewürzpasten, Ghee, vegane Milch & Sahne und mehr

Das Geheimnis der vedischen Küche zeigt sich in der zeitlosen Kunst, Gewürze zu Masalas zu mischen. Die unterschiedlich kombinierten, verschiedenartig verarbeiteten und erlesenen Gewürze entfalten eine heilende Kraft, ihnen entspringen Zauber, Duft und Geschmack.

Um die volle Wirkkraft der Gewürze zu nutzen, werden diese traditionell frisch im Mörser zerrieben oder zerstoßen.

Lagern Sie gemahlene Gewürze nicht allzu lange. Sie duften sonst erheblich weniger und verlieren deutlich an Geschmacksintensität. Verwenden Sie am besten biologisch angebaute Gewürze und mahlen Sie diese am besten selbst.

Gewürze und andere Zutaten

Ganze Gewürze (Samen):
Adiowan (Ajwain)
Bockshornklee (Methi)
Fenchel (Saunf)
Koriander (Dhania)
Kreuzkümmel (Jeera)
schwarze Senfsamen (Rai)
schwarzer Pfeffer
Schwarzkümmel (Kalinji)
weißer Mohn (Khas-Khas)

Frische Gewürze:
Basilikum
Chilischoten, grüne (Hari Mirch)
Curryblätter
Ingwer (Adrak)
Korianderblätter
Kräuter der Provence
Kurkumawurzel
Majoran
Oregano
Pfefferminzblätter
Thymian

Gemahlene Gewürze:
Asafoetida (Heeng, Stinkasant)
Chilipulver, rotes (Cayennepfeffer)
Koriander
Kreuzkümmel
Kurkuma (Gelbwurz, Haldi)
Safran (Kesar)
schwarzer Pfeffer

Andere Gewürze:
Chilischoten, getrocknete
Kampfer, natürlicher
Kardamom (Elaichi)
Kardamom, schwarzer (Kala Elaichi)
Lorbeerblätter (Tej Patta)
Muskatnuss (Jaiphal)
Nelken (Laung)
Pippali-Pfeffer
Rosenwasser
Safranfäden
Sternanis
Zimtstangen

Gewürzmischungen:
Currypulver (ohne Zwiebeln und Knoblauch)
Garam Masala (ohne Zwiebeln und Knoblauch)
Panch Phutan (Kreuzkümmel, Senfkörner, Schwarzkümmel, Bockshornklee, Fenchelsamen)
Sambaarpulver (ohne Zwiebeln und Knoblauch)

Süßungsmittel:
Agavendicksaft
Ahornsirup
Honig
Kokosblütensirup
Rohrzucker, unraffinierter (Gur, Jaggery oder Palmzucker)
Stevia-Flüssigsüße

Vanillezucker
Zucker, brauner (Vollrohrzucker)
Zucker, heller, wie z. B. Sharkara (gemahlener ayurvedischer Rohrzucker)

Fette/Öle:
Bratöl (naturreines, hoch erhitzbares Pflanzenöl)
Ghee (geklärte Butter)
Kokosfett (hocherhitzbar, auch zum Frittieren geeignet)
Maiskeimöl (hocherhitzbar, auch zum Frittieren geeignet)
Pflanzenöle, naturreine geschmacksneutrale

Getreide, Mehle & Hülsenfrüchte:
Basmatireis
Belugalinsen
Chana Dal (gelbe halbe Kichererbsen)
Dunkelweizen- oder Dinkelmehl
Hartweizengrieß
Kichererbsenmehl, feines ungeröstetes (Besan)
Milch-/Rundkornreis
Moong Dal (gelbe halbe Mungbohnen)
Mungbohnen
Reismehl
Toor Dal (gelbe flache Linsen)
Urad Dal (weiße halbe Bohnen)
Weißmehl (Weizenmehl Type 405)

Andere Zutaten:
Backpulver
Cashewkerne
Kokosraspel
Mais-, Tapioka- oder Kartoffelstärke
Mandeln
Natron
Rosinen
Salz (Meersalz ist bekömmlicher für Vata und Pita, Steinsalz wird von Kapha besser vertragen)
Schwarzsalz (Kala Namak)
Tamarinde (Imli)
Zitronensaft
Zitronensäure

Kokosmilch, vegane Sahne, Ghee, Gewürzpasten und Paneer

Cashew- oder Mandelsahne

Für 120 Milliliter Sahne

50 g Cashewkerne *oder* gemahlene Mandeln
80 ml Wasser

Cashewkerne oder gemahlene Mandeln in einen Mixer geben und nach und nach, je nachdem, wie sie zerfallen, mit dem Wasser zu einer cremigen Sahne pürieren.

Weiße Mohnsamen- oder Sonnenblumenkernsahne

Für 120 Milliliter Sahne

50 g weiße Mohnsamen *oder* Sonnenblumenkerne
80 ml Wasser

Mohnsamen oder Sonnenblumenkerne 15 Minuten in Wasser einweichen, in ein Sieb geben, waschen und abtropfen lassen.

Die Samen oder Kerne in einen Mixer geben und nach und nach, je nachdem, wie sie zerfallen, mit dem Wasser zu einer cremigen Sahne pürieren.

Kokosmilch

Für 150 Milliliter Kokosmilch

60 g Kokosmilchpulver
150 ml Wasser

Für 100 ml Kokosmilch

40 g Kokosmilchpulver
100 ml Wasser *oder* ½ frische Kokosnuss und 100–150 ml heißes Wasser

In einem Schälchen das Kokosmilchpulver mit dem Wasser gut verrühren.

Oder die frische Kokosnuss raspeln, in einer Schale mit dem heißen Wasser übergießen, etwas abkühlen lassen und die Raspel von Hand fest ausdrücken. In ein Sieb oder ein Tuch geben und den Saft aus den Kokosraspeln herauspressen.

Senfpaste

Für etwa 80 Milliliter

50 g Senfkörner
50 ml Wasser

Senfkörner 30 Minuten in Wasser einweichen, dann in ein Sieb geben, waschen und abtropfen lassen.

In einen Mixer geben und nach und nach, je nachdem, wie schnell die Senfkörner zerfallen, mit dem Wasser zu einer feinen Paste verarbeiten. Vor Gebrauch mindestens 15 Minuten offen stehen lassen.

Tamarindenpaste

Für etwa 80 Milliliter
30 g geschälte Tamarinde
bis zu 150 ml Wasser

Tamarinde 15 Minuten in Wasser einweichen (je nachdem wie dick die Paste sein soll, bis zu 150 Milliliter Wasser verwenden). Tamarinde von Hand kräftig ausdrücken und den Tamarindensaft durch ein Sieb in eine Schüssel fließen lassen.

Tipp: Je nach Tamarindensorte und je nachdem wie sauer das Gericht sein soll, mehr oder weniger Tamarindensaft nehmen (Tamarindenkonzentrat vorsichtig verwenden).

Ghee

Für etwa 800 Gramm Ghee

1 kg Butter (am besten Sauerrahmbutter)

Die Butter in einem Topf (mit dickem Boden) bei geringer Hitze erwärmen und etwa 1 Stunde sanft köcheln lassen. Hierbei verdampft das Wasser und auf dem Topfboden und oben auf dem goldgelben Fett setzt sich eine weiße Eiweißschicht ab. Dieses Eiweiß mit einem Schaumlöffel abschöpfen. Ist das Butterfett völlig klar und goldfarben, wird es in ein Ton- oder Glasgefäß gegossen. Hierfür ein feuchtes Mulltuch in ein feines Sieb legen und das Fett auf diese Weise filtern. Das abgeschöpfte Eiweiß kann nicht weiterverwendet werden.

Wirkung: Ghee stärkt das Verdauungsfeuer und verbessert die Nährstoffaufnahme. Es schenkt dem Bindegewebe Feuchtigkeit und macht den Körper insgesamt flexibler. Außerdem stärkt es Gehirn und Nervensystem.

Ghee besänftigt Vata und Pitta. Kapha genießt es in kleinen Mengen.

Fettleibige Menschen und Menschen mit hohem Cholesterinspiegel sollten Ghee sehr sparsam verwenden.

Paneer

Paneer – ein einfacher, gepresster Frischkäse – ist eine wichtige Eiweißquelle in der vedischen Küche. Er wird direkt verwendet, ohne einen Gärungsprozess zu durchlaufen, und ist deshalb sattvisch (tugendhaft) und gesund. Außerdem ist Paneer leicht verdaulich, im Nu gemacht und schmeckt einfach umwerfend.

2 l Milch (am besten frische Vollmilch)
4 EL Zitronensaft (60 ml) *oder* 250 g Naturjoghurt *oder* ½–1 TL Zitronensäure-Pulver

Milch in einem Topf zum Kochen bringen, bis sie zu steigen beginnt.Den Topf vom Herd nehmen und nach und nach den Zitronensaft mit einem Holzlöffel unterrühren. Nun setzen sich die weißen Käsestücke von der gelbgrünen Molke ab. Falls die Molke noch nicht klar ist, noch einige Tropfen Zitronensaft hinzugeben.

Ein mit einem Mulltuch ausgelegtes Sieb auf eine Schüssel stellen. Den Topfinhalt in das Sieb gießen und die Molke abfließen lassen. Die vier Ecken des Tuchs zusammenfassen und mithilfe eines Gewichts (z. B. eines großen, wassergefüllten Topfes) 20 Minuten pressen. Anschließend den Paneer nach den Angaben im jeweiligen Rezept schneiden.

Alternative: Den Naturjoghurt in die aufgekochte Milch rühren und Milch nochmals 5 Sekunden aufkochen. Beim Zitronensäure-Pulver zuerst ½ Teelöffel Zitronensäure-Pulver und nach und nach das restliche Pulver in die Milch einrühren. Sobald die Milch gerinnt, fortfahren wie oben beschrieben.

Milchmenge ergibt	**Paneer** (ungepresst)	**Paneer** (gepresst)
0,5 l Milch	ca. 85 g	ca. 65 g
1,0 l Milch	ca. 150 g	ca. 115 g
2,0 l Milch	ca. 285 g	ca. 250 g

Die Paneer-Menge ist unterschiedlich je nach Milchqualität.

Ayurvedisches Frühstück

Am Morgen herrscht das Kapha-Dosha vor und unser Agni brennt noch nicht mit voller Kraft. Daher sollte unsere erste Mahlzeit am Tag aus warmen, leichten und gut verdaulichen Speisen bestehen, die das Verdauungsfeuer stärken.

Die ayurvedische Gesundheitslehre empfiehlt, vor dem Frühstück heißes Wasser oder Ingwerwasser (Seite 15) zu trinken, um das Agni anzuregen. Die folgenden Rezepte versorgen unseren Körper mit Energie, ohne ihn unnötig zu belasten, und sorgen für einen gesunden Start in den Tag.

Im Frühjahr ist die Energie des Kapha-Dosha erhöht. Menschen mit Kapha-Konstitution neigen in dieser Jahreszeit vermehrt zu Verschleimungen und sollten daher zum Frühstück auf Süßungsmittel und Milch sowie Milchprodukte verzichten.

Im Sommer und im Frühherbst ist das Pitta-Dosha vorherrschend. Menschen mit einer Pitta-Konstitution trinken zimmerwarmes Wasser statt Ingwerwasser, um die Hitze im Körper nicht zu stark zu erhöhen.

Um das im Spätherbst und Winter verstärkte Vata-Dosha auszugleichen, können alle Konstitutionen zum Frühstück heiße Milch oder gekochten Getreidebrei mit Gewürzen zu sich nehmen. Achtung: Gedünstetes Obst nicht zusammen mit Milch oder Milchprodukten verzehren.

Generell eignen sich zum Frühstück folgende Lebensmittel und Getränke:
Brote: Brötchen, evtl. Toastbrot (neben einem Toaster servieren) und/oder Reiswaffeln mit Butter, Honig, Bio-Konfitüren und Brotaufstrichen
Breis: Reisbrei mit Milch oder Getreidebrei (z. B. aus Dinkel mit Wasser, Kokosmilch oder Sojamilch, etwas Ghee, Honig oder Vollrohrzucker)
Früchte & Nüsse: gedünstete Früchte; frische, saisonale Früchte (vor allem für Menschen mit mehr Pitta); Trockenfrüchte, Nüsse
Getränke: heißes Ingwerwasser; heiße Milch mit Safran, Ingwer, Kardamom oder Muskatnuss und Vollrohrzucker oder Honig, verschiedene Tees und/oder frischer, enzymreicher Ananassaft

Das Frühstück für die sieben verschiedenen Doshas

Der **Pitta-Typ** genießt Vollkorntoast mit Butter und Honig, Getreidebrei mit gedünsteten Früchten und/oder eine warme Milch mit Safran, Kardamom und Vollrohrzucker.
Der **Vata-Typ** gönnt sich einen Getreidebrei aus Weizen oder Reis mit etwas Ghee und Zucker oder gebackenen Bananen, gedünsteten Birnen, Trockenfrüchte und/oder süßen Früchten wie Mango, Trauben oder Papaya. Eine heiße Milch mit Safran, Ingwer, Kardamom oder Muskatnuss und Vollrohrzucker (möglich mit Ashwagandha oder Chaywanprash) ist auch sehr bekömmlich.
Der **Kapha-Typ** frühstückt Reiswaffeln mit Ghee und Honig und/oder einen Brei aus Gerste, Reis oder Reisflocken. Er trinkt heißes Ingwerwasser oder Tee mit Süßholz, Ingwer und Pfeffer ... und kann auch ganz auf das Frühstück verzichten.
Der **Pitta-Kapha-Typ** genießt ein Honigbrötchen, Grießbrei oder andere Getreidebreis, Trockenfrüchte, Nüsse wie Wallnüsse und/oder frische, saisonale Früchte.
Der **Vata-Pitta-Typ** bereitet sich einen Getreidebrei aus Hafer, Dinkel oder Reisflocken mit Trockenfrüchten, Vollrohrzucker und ein wenig Zimt zu. Er kann Toastbrot mit Honig oder Fruchtaufstrich essen und/oder eine heiße Milch mit Safran oder Kurkuma, Kardamom und Vollrohrzucker trinken.
Der **Vata-Kapha-Typ** kann Reiswaffeln mit Ghee und Honig, Brei aus Gerste, Reis oder Reisflocken, herzhafte Brotaufstriche und/oder gedünstete Früchte frühstücken. Dieser Konstitution bekommt heißes Ingwerwasser oder Tee mit Süßholz, Ingwer und Pfeffer sehr gut.
Menschen mit der **Tridoshi-Konstitution** essen verschiedenes, aber nicht zu viel auf einmal.

Hirsebrei

Für 4 bis 6 Personen

1 kleiner Apfel
150 g Hirse
700 ml Wasser *oder* vegane Milch (Seite 9)
1 EL frische Ingwerwurzel, gerieben oder fein gehackt
1 Handvoll Rosinen
2 TL geraspelte Zitronenschale (von einer Bio-Zitrone) *oder* gemahlener Zimt
2 EL heller Zucker, z. B. Sharkara

Den Apfel schälen, entkernen und fein raspeln. Apfelraspel mit Hirse, Wasser bzw. Milch, Ingwer und Rosinen in einen Topf geben und zugedeckt unter Rühren bei niedriger Hitze köcheln lassen, bis die Hirse weich und der Brei dickflüssig ist. Bei Bedarf während des Kochens mehr Milch oder heißes Wasser dazugeben. Zitronenschale oder Zimt und Zucker untermischen, den Hirsebrei 10 Minuten ziehen lassen und servieren.

Gut bekömmlich für alle drei Doshas.

Gedünstete Früchte

Für 4 Personen

500 g Obst, z. B. Äpfel, Birnen, Trauben, Pfirsiche, Kirschen
etwas Wasser *oder* Apfelsaft (Menge nach Bedarf)

Früchte nach Belieben schälen, entkernen bzw. entsteinen und in Würfel schneiden. Fruchtwürfel mit wenig Wasser oder Apfelsaft in einen Topf geben und ohne Deckel 5 Minuten bei mittlerer Hitze dünsten. Es sollte so wenig Flüssigkeit wie möglich übrig bleiben.

Gut bekömmlich für alle drei Doshas.

Mandel-Kokos-Sahne mit Trockenfrüchten

Für 4 bis 6 Personen

400 g getrocknete Datteln, Goji-Beeren *und* Pflaumen *oder* Feigen
etwas Wasser zum Einweichen (Menge nach Bedarf)
50 g gemahlene Mandeln
100 ml Kokosmilch (Seite 26)
2–3 EL frische Ingwerwurzel, geraspelt
1 EL Zucker, z. B. Sharkara oder Vollrohrzucker

Datteln entsteinen, mit den restlichen getrockneten Früchten in eine flache Schüssel geben und über Nacht oder mindestens 3 Stunden in etwas Wasser einweichen. Die Früchte sollten nur knapp mit Flüssigkeit bedeckt sein, deshalb so wenig Wasser wie möglich nehmen. Mandeln mit Kokosmilch in eine zweite Schüssel geben und 1 bis 2 Stunden einweichen. Den geraspelten Ingwer kräftig mit der Hand auspressen und dabei den Saft auffangen. Ingwersaft zu den Mandeln gießen und pürieren, bis eine feine dickflüssige Sahne entsteht.

Eingeweichte Trockenfrüchte und Zucker unter die Mandel-Kokos-Sahne heben und servieren.

Tipp: Anstatt Kokosmilch und Mandeln können Sie auch 150 Milliliter Sahne verwenden.

Gut bekömmlich für Vata. Pitta und Kapha genießen dieses Frühstück in kleinen Portionen.

Ayurvedisch kochen in den vier Jahreszeiten

Frühling

Wenn sich der Winter langsam verabschiedet und der Frühling Einzug hält, löst sich das über die kalte Jahreszeit hinweg angestaute Kapha im Körper auf. Dies schwächt unser Agni und damit auch unsere Verdauung. Für viele Menschen hat das jedoch oft zur Folge, dass sie sich während dieser Übergangszeit schnell erkälten. Deshalb sollten Ihre Speisen jetzt leicht und verdauungsfördernd sein und bevorzugt aus saisonalen Produkten bestehen. Falls Sie von Natur aus ein ausgeprägtes Kapha-Dosha haben, würzen Sie die Gerichte mit wärmenden und/oder austrocknenden Gewürzen wie Pfeffer oder Cayennepfeffer nach. Um die Verdauungsenzyme und die Darmflora zu unterstützen, können Sie beim Mittagessen den Reis mit etwas Zitronensaft beträufeln und ein kleines Lassi (Seite 175) oder ein Raita (Seite 155) genießen. Bei starken Verdauungsproblemen zerkauen Sie nach dem Essen Ingwer mit Salz (Seite 19) zu einem Brei und schlucken ihn hinunter. Wenn Sie merken, dass sich eine schwere Erkältung anbahnt – vor allem aber bei Halsschmerzen, Atembeschwerden oder leichtem Husten sowie Verschleimung der Atemwege – können Ingwer mit Salz (Seite 19) oder Ingwer mit Honig (Seite 18) für Linderung sorgen.

Um das Agni zu stärken, sollten Sie zwischen den einzelnen Mahlzeiten einen zeitlichen Abstand von mindestens 4 Stunden einhalten. Es empfiehlt sich zudem, morgens vor einem leichten, warmen Frühstück und auch über den Tag verteilt heißes Ingwerwasser (Seite 15) zu trinken. Genießen Sie einen gut gewürzten Yogitee, falls Sie am Nachmittag Hunger bekommen. Abends sollten Sie leicht, warm und nicht zu spät essen.

Exotische Maisschnitten

mit Spargel-Artischocken-Gemüse in Dattel-Rosinen-Sauce

Exotische Maisschnitten

100 g Ananasfruchtfleisch
2 EL Olivenöl (bei Bedarf etwas mehr)
1 EL frische Kräuter, gehackt (Rosmarin, Thymian und Pfefferminze)
100 g Maisgrieß
300–400 ml Wasser
1 TL Salz
¼ TL Kurkuma

Ananas in ganz kleine Würfel schneiden.

Etwas Öl in einer Pfanne leicht erhitzen, die Kräuter darin 30 Sekunden anrösten (siehe Seite 20 f.). Maisgrieß, Wasser, Ananaswürfel, Kurkuma sowie Salz dazugeben und zugedeckt bei niedriger Hitze köcheln lassen, bis das Wasser vollständig aufgesogen ist.

Die Maismasse gleichmäßig auf einem Teller verteilen, auskühlen lassen und in Würfel schneiden. Anschließend die Maiswürfel in eine Pfanne geben und von beiden Seiten in dem restlichen Olivenöl anbraten.

Tipp: Wenn Ihre Maisschnitten eine schöne gelbe Farbe haben sollen, können Sie ½ Teelöffel Kurkuma (Gelbwurz) mit dem Maisgrieß kochen.

Gut bekömmlich für alle drei Doshas.

Spargel-Artischocken-Gemüse

300 g Spargel
1 l Wasser
1 EL Olivenöl
2½ TL Salz
1 EL Rohrzucker
1 Zitrone
8 kleine Artischocken

Die Spargelstangen schälen. Wasser in einen hohen Topf geben. Spargel mit Olivenöl, Salz und Zucker hineingeben, weich kochen, herausnehmen, in einem Sieb abtropfen lassen und warm stellen.

Zitrone halbieren und den Saft auspressen. Den Stiel der Artischocken jeweils etwas kürzen, die äußeren harten Blätter entfernen und das obere Drittel der Artischocken abschneiden.

Artischocken mit Zitronensaft ins Spargelwasser geben und 20 Minuten kochen lassen. Die Artischocken in einem Sieb abtropfen lassen, vierteln und mit dem Spargel servieren.

Gut bekömmlich für Kapha. Vata und Pitta nehmen mehr Artischocken als Spargel.

Dattel-Rosinen-Sauce mit Ingwer

50 g Datteln
⅓ TL Kreuzkümmelsamen
⅓ TL Fenchelsamen
⅓ TL Koriandersamen
50 g Rosinen
50–100 ml Wasser
50 ml Orangensaft
1 EL Zitronensaft
1 EL frische Ingwerwurzel, gerieben
1 EL Olivenöl

Die Datteln entsteinen. Gewürzsamen in einer Pfanne trocken anrösten, bis sie leicht anbräunen (siehe Seite 20 f.). Anschließend im Mörser zu Pulver zerreiben.

Alle Zutaten in einen Mixer geben und zu einer dickflüssigen Sauce pürieren.

Gut bekömmlich für alle drei Doshas. Pitta und Kapha verwendet weniger Zitronensaft.

Spinat-Bohnen-Teigtaschen

mit feuriger Ingwersauce

Spinat-Bohnen-Teigtaschen mit feuriger Ingwersauce

Spinat-Bohnen-Teigtaschen

Für den Teig:

200 g Weißmehl *oder* 200 g dunkles bzw. Vollkornmehl
3–4 EL Ghee, Kokosfett *oder* Bratöl
½ TL Salz
ca. 80 ml kaltes Wasser

Für die Füllung:

250 g Spinat
150 g weiße Bohnen (kleine oder große)
1 grüne Chilischote, entkernt
4 Ananasringe (frisch oder aus der Dose)
1½ EL Bratöl (am besten Maiskeimöl oder Kokosfett)
¾ TL schwarze Senfkörner
1 Handvoll frische Curryblätter
½–¾ TL Salz
etwas Milch zum Bestreichen (siehe Seite 9)

Für den Teig Mehl mit dem Fett oder Öl und Salz in einer Schüssel von Hand gut durchmischen (verreiben). Das Wasser dazugeben und die Masse so lange kneten, bis sie fest und geschmeidig ist. (Je nach Mehlqualität mehr oder weniger Wasser dazugeben. Vollkornmehl saugt etwas mehr Wasser auf.) Den Teig 15 Minuten ruhen lassen.

Für die Füllung den Spinat zerkleinern. Die Bohnen in einen Topf geben und weich kochen. Chili in feine Ringe schneiden. Ananasringe fein hacken.

Öl oder Fett in einer Pfanne erhitzen und die Senfkörner darin anrösten, bis die meisten aufgesprungen sind. Vorsicht, das Öl sollte nicht zu heiß werden (siehe Seite 20 f.)! Die Chiliringe dazugeben und mit anrösten, bis sie braun sind. Curryblätter hinzufügen und nach 10 Sekunden auch Spinat und Salz in die Pfanne geben. Ohne Deckel bei mittlerer Hitze dünsten, bis der Spinat weich ist. Bohnen und Ananasstücke vorsichtig untermischen und vom Herd nehmen.

Für die Teigtaschen 4 Zentimeter große Kugeln aus dem Teig formen und diese etwa 3 Millimeter dick kreisrund ausrollen. Auf die eine Hälfte etwas Füllung geben, den gegenüberliegenden Rand anfeuchten, über die Füllung klappen und fest andrücken, damit sich die Naht beim Backen nicht öffnet. Es entsteht eine halbkreisförmige Tasche. Nach Belieben die Verschlussnaht dekorativ wie eine Spirale formen.

Teigtaschen auf ein Backblech legen, mit einer Gabel 3-mal von oben einstechen und im Backofen bei 180 °C backen, bis sie leicht anbräunen. Die Teigtaschen 5 Minuten vor Ende der Backzeit mit etwas Milch bestreichen.

Tipp: Wenn Sie keine frischen Bohnen bekommen, können Sie auch gefrorene Bohnen nehmen. Diese vor der Weiterverarbeitung 5 Minuten kochen, in einem Sieb gründlich abspülen und abtropfen lassen.

Gut bekömmlich für Pitta und Kapha. Vata kann Kichererbsen statt Bohnen verwenden und gibt ½ Teelöffel gemahlene Fenchelsamen zum Spinat.

Feurige Ingwersauce

½–1 EL frische Ingwerwurzel, geraspelt
½ grüne Chilischote
1½ EL Bratöl
¾ TL Kreuzkümmelsamen
1 Handvoll frische Curryblätter
50 ml Wasser
50 ml Apfelsaft
¼ TL Salz
1 EL Rohrzucker
1 EL feines ungeröstetes Kichererbsenmehl
1 EL Zitronensaft

Den geraspelten Ingwer kräftig mit der Hand auspressen und dabei den Saft auffangen. Chilischote längs halbieren und entkernen.

Öl in einem Topf erhitzen und Kreuzkümmelsamen darin goldbraun anrösten (siehe Seite 20 f.). Chili und Curryblätter dazugeben und 20 Sekunden mit anrösten. Kichererbsenmehl kurz darin anschwitzen und anschließend Wasser, Apfelsaft, Salz, Rohrzucker und Ingwersaft dazugeben. Kräftig rühren, 3 Minuten köcheln lassen und vom Herd nehmen. Zitronensaft gut unterrühren und servieren.

Tipp: Diese Sauce sollte dickflüssig sein. Je nach Bedarf können Sie noch etwas kochendes Wasser dazugeben.

Gut bekömmlich für alle drei Doshas.

Spinatlasagne
zu Tomaten-Kichererbsen-Salat mit Rucola

Spinatlasagne

ca. 200 g Lasagneplatten (ohne Ei)

Für die Füllung:
500 g Spinat

Für die Sahnesauce:
200 ml Sahne oder vegane Sahne
10 schwarze Pfefferkörner, grob gemahlen
½ TL gemahlene Muskatnuss
½ TL Salz

Für die Tomatensauce:
500 g Tomaten
100 ml Wasser
1 Zweig Thymian
¾ TL Salz
½ EL Rohrzucker
3 EL Olivenöl

Für die Füllung Spinat zerkleinern und in einer Pfanne 5 Minuten ohne Deckel dünsten.

Für die Sahnesauce die vegane Sahne, Pfeffer, Muskat und Salz mischen.

Für die Tomatensauce Tomaten häuten (siehe Seite 21) und zerkleinern. Tomatenstücke mit Wasser, Thymian, Rohrzucker und Salz in einen Topf geben und zugedeckt bei niedriger Hitze 1 Stunde köcheln lassen. Tomatensauce vom Herd nehmen und das Olivenöl unterrühren.

Den Boden einer vegan gefetteten Auflaufform mit den Lasagneplatten bedecken und eine Schicht Tomatensauce daraufstreichen. Auf die zweite Schicht Platten etwas Spinat geben und auf die dritte etwas Sahnesauce. Fortfahren, bis alle Zutaten verbraucht sind. Zum Schluss die Sahne gleichmäßig darübergießen.

Die Lasagne im Backofen bei 200 °C backen, bis die Oberfläche goldbraun ist.

Gut bekömmlich für alle drei Doshas. Vata gibt zusätzlich ½ Teelöffel gemahlene Fenchelsamen zum Spinat. Vata und Kapha können ½ Teelöffel Cayennepfeffer oder 1 gehackte Peperoncini in die Tomatensauce geben.

Tomaten-Kichererbsen-Salat mit Rucola

250 g Kichererbsen (getrocknet oder aus der Dose)
2 Handvoll frischer Rucola
500 g Tomaten
1 TL Salz
½ TL Schwarzsalz
½ EL Rohrzucker
2 EL Olivenöl
2 TL Leinöl (wenn gewünscht)
etwas Wasser zum Einweichen (Menge nach Bedarf)

Getrocknete Kichererbsen in genügend Wasser 5 Stunden einweichen, Kichererbsen aus der Dose gründlich in einem Sieb abspülen. Anschließend die Kichererbsen in einem Schnellkochtopf weich kochen.

Rucola in kleine Stücke zupfen. Tomaten häuten (siehe Seite 21) und in etwa 1½ Zentimeter große Stücke schneiden.

Tomatenstücke, Kichererbsen, Salz, Schwarzsalz, Rohrzucker, nach Wunsch beide Öle sowie Rucola in einer Schüssel gut vermischen.

Gut bekömmlich für Vata und Pitta. Nicht empfehlenswert für Kapha.

Curry-Kitchery

zu Pakoras in süßsaurer Tomatensauce

Curry-Kitchery zu Pakoras in süßsaurer Tomatensauce

Curry-Kitchery

120 g Mungbohnen *oder* Moong Dal
120 g Basmatireis
1–1½ l heißes Wasser *plus* Wasser zum Vorkochen der Bohnen
2–2½ TL Salz
¾ TL Kurkuma (Gelbwurz)
1 EL frische Ingwerwurzel, gerieben
2 grüne Chilischoten
1 TL Fenchelsamen
1 TL Koriandersamen
1½ EL Ghee, Kokosfett *oder* Bratöl
½ TL Kreuzkümmelsamen
¼ TL Asafoetida
2 TL Curry Masala
1 Handvoll frische Curryblätter
etwas Zitronensaft (wenn gewünscht)

Reis und Mungbohnen oder Moong Dal getrennt in einem Sieb abspülen und abtropfen lassen. Moong Dal mit heißem Wasser in einen Topf geben und bei mittlerer Hitze etwa 15 Minuten vorkochen. Anschließend Reis, Salz, Kurkuma und Ingwer dazugeben und unter regelmäßigem Rühren weiterköcheln. Sobald Dal und Reis zu zerfallen beginnen, den Topf vom Herd nehmen. Je nachdem, ob das Kitchery dick (wie leicht überkochter Reis) oder eher dickflüssig werden soll, während des Kochens mehr oder weniger heißes Wasser dazugeben.

Die Chilischoten halbieren und entkernen. Fenchel- und Koriandersamen in einem Mörser leicht zerstoßen. In einer kleinen Pfanne Fett oder Öl erhitzen und Kreuzkümmelsamen darin goldbraun anrösten (siehe Seite 20 f.). Danach Fenchel- und Koriandersamen 5 Sekunden und anschließend Asafoetida und Curry Masala 5 Sekunden mit anrösten. Anschließend die Chilis etwa 15 Sekunden mit anrösten und die Curryblätter 10 Sekunden. Die Gewürze ins Kitchery geben, nach Belieben mit etwas Zitronensaft abschmecken und servieren.

Tipps: Das Kitchery wird gehaltvoller, wenn Sie Gemüse wie z. B. Bohnen, Brokkoli oder Möhren mit dem Reis hinzufügen. Oder das Gemüse mit etwas Öl bestreichen, weich backen (siehe Seite 20) und zum Schluss ins Kitchery geben.

Gut bekömmlich für alle drei Doshas.

Pakoras in süßsaurer Tomatensauce

Für die Pakoras:

400 g Gemüse, z. B. Auberginen, Blumenkohl, Brokkoli *oder* Kartoffeln
150 g feines ungeröstetes Kichererbsenmehl
50 g Weiß- *oder* Reismehl
1½ TL Salz
¼ TL Asafoetida
1 Prise Natron
ca. 240 ml kaltes Wasser

Zum Frittieren:

Frittieröl wie Maiskeimöl *oder* Kokosfett (so viel, dass das Öl in der Pfanne bzw. der Fritteuse mindestens 5 Zentimeter hoch steht)

Für die Tomatensauce:

650 g Tomaten
3 EL Bratöl
8 Kardamomkapseln
6 Nelken
1 Zimtstange
1½ EL frische Ingwerwurzel, gerieben
1½ TL Salz
700 ml heißes Wasser
½ TL Cayennepfeffer
3 EL Rohrzucker

Für die Pakoras (Gemüseknusperchen) Gemüse in Würfel schneiden, Blumenkohl oder Brokkoli in Röschen teilen.

Kichererbsenmehl, Weiß- oder Reismehl, Salz, Asafoetida, Natron und Wasser in einer Schüssel zu einem Teig verarbeiten und mit einer Gabel oder mit dem Schneebesen 1 Minute kräftig schlagen. Der Teig sollte dickflüssig sein. (Je nach Mehlqualität brauchen Sie mehr oder weniger Wasser.)

Das Gemüse nacheinander in den Teig tauchen, darin wenden und so viele Gemüsestücke ins heiße Frittieröl (ca. 180 °C) geben, dass die Oberfläche leicht bedeckt ist (siehe Seite 20). Die Knusperchen gelegentlich wenden und goldbraun frittieren. Herausnehmen und in einem Sieb abtropfen lassen.

Für die Tomatensauce Tomaten häuten (siehe Seite 21) und in etwa 1½ Zentimeter große Stücke schneiden. Bratöl in einem Topf leicht erhitzen und Kardamomkapseln, Nelken und Zimtstange darin anrösten, bis sich die Nelken aufblasen und ein würziger Duft aufsteigt. Dann Ingwer 3 Sekunden mit anrösten (siehe Seite 20 f.).

Schnell die Tomatenstücke, Salz und Wasser hinzugeben und etwa 15 Minuten zugedeckt bei niedriger bis mittlerer Hitze köcheln lassen. Cayennepfeffer und Rohrzucker unterrühren und weitere 5 Minuten köcheln lassen.

Die Pakoras dazugeben, zugedeckt etwa 1 Minute weiterköcheln lassen und vom Herd nehmen. Anschließend 10 Minuten ziehen lassen und servieren.

Tipp: Die Pakoras sollten mit einer dickflüssigen Tomatensauce umgeben sein. Sie schmecken jedoch auch ohne Sauce sehr gut.

Gut bekömmlich für Vata. Pitta nimmt etwas weniger Cayennepfeffer. Kapha genießt die Pakoras in kleinen Portionen.

Tibetische Nudelsuppe

100 g Weißmehl Type 405
2 TL Salz
550 ml Wasser
200 g Tomaten
300 g Mangold
3 EL Brat- *oder* Olivenöl
¼ TL Asafoetida
1–2 grüne Chilischoten, entkernt und fein gehackt
1 EL frische Ingwerwurzel, gerieben oder in feine Stifte geschnitten
2 Msp. Kurkuma (Gelbwurz)
etwas frischer Zitronensaft (Menge nach Bedarf)

Weißmehl mit ½ Teelöffel Salz und 50 bis 60 Millilitern Wasser in einer Schüssel zu einem geschmeidigen Teig verkneten und 15 Minuten ruhen lassen.

Tomaten und Mangold jeweils getrennt in kleine Stücke schneiden.

Das Öl leicht in einem Topf erhitzen und Asafoetida sowie Chili darin 30 Sekunden anrösten (siehe Seite 20 f.). Ingwer und 1 Messerspitze Kurkuma dazugeben und 20 Sekunden mit rösten.

Tomatenstücke hinzufügen und schmoren, bis sie zerfallen. Tomaten mit dem restlichen Wasser ablöschen, 1 Messerspitze Kurkuma, restliches Salz und Mangoldstücke dazugeben und ca. 3 Minuten köcheln lassen, bis das Gemüse etwa zur Hälfte gegart ist.

Den Teig zu einer Rolle formen, von Hand kleine, dünne Streifen davon abreißen und in die Suppe geben. Die Suppe weitere 4 Minuten köcheln lassen, anschließend vom Herd nehmen. Nach Belieben mit etwas Zitronensaft abschmecken.

Gut bekömmlich für alle drei Doshas. Pitta lässt die Chilis weg.

Spinatkuchen mit Mais

Für den Teig:
300 g Mehl (dunkles, Vollkorn- oder Weißmehl)
4 EL Olivenöl
1¼ TL Salz
ca. 175 ml Wasser

Für die Füllung:
200 g Spinat
150 g Tomaten
1 EL Bratöl
1½ TL Garam Masala
1 TL Salz
2 TL Maisstärke
150 ml Sahne *oder* vegane Sahne (Seite 25)
150 g süße Maiskörner

Für den Teig Mehl mit Öl und Salz in einer Schüssel von Hand gut durchmischen (verreiben). Wasser dazugeben und die Masse so lange kneten, bis sie weich und geschmeidig ist. (Je nach Mehlqualität mehr oder weniger Wasser verwenden. Vollkornmehl saugt etwas mehr Wasser auf.) Den Teig 15 Minuten ruhen lassen.

Für die Füllung Spinat zerkleinern. Tomaten häuten (siehe Seite 21) und in kleine Stücke schneiden. Bratöl in einem Topf leicht erhitzen und Garam Masala 20 Sekunden darin anrösten (siehe Seite 20 f.). Spinat und Salz dazugeben und ohne Deckel bei mittlerer Hitze dünsten, bis er weich ist, und vom Herd nehmen. Anschließend die Maisstärke mit Sahne verrühren. Tomatenstücke, Maiskörner und Stärkemischung gründlich unterrühren.

Den Teig etwa 3 Millimeter dick ausrollen, auf ein vegan gefettetes Backblech legen, die Spinatfüllung gleichmäßig darauf verteilen und bei 180 °C im Backofen 30 bis 40 Minuten backen, bis die Oberfläche schön braun ist.

Gut bekömmlich für alle drei Doshas.

Fladenbrot

mit würzigem Linsen-Gemüse-Gericht und Okraschoten im Kokosmantel

Fladenbrot mit würzigem Linsen-Gemüse-Gericht und Okraschoten im Kokosmantel

Würziges Linsen-Gemüse-Gericht

400 g Gemüse, z. B. Blumenkohl, rote Paprika (gehäutet) *oder* Bohnen und Kartoffeln
120 g Chana Dal, Linsen *oder* Moong Dal
ca. 1 l Wasser
1/4 TL Kurkuma (Gelbwurz)
1/2 EL frische Ingwerwurzel, gerieben
1 1/4 TL Salz
1/2 EL Rohrzucker
5 Msp. gemahlener schwarzer Kardamom
1/2 TL gemahlener Zimt
1/4 TL rotes Chilipulver
1/4 TL Asafoetida
1 1/2 EL Ghee, Kokosfett *oder* Bratöl und etwas Ghee *oder* Öl zum Bestreichen
1 TL Kreuzkümmelsamen
etwas Kreuzkümmelpulver
Wasser zum Einweichen (Menge nach Bedarf)

Gemüse in kleine Stücke schneiden, mit wenig Öl bestreichen und im Backofen bei 200 °C weich backen (siehe Seite 20).

Chana Dal, Linsen oder Moong Dal gründlich waschen und mindestens 2 Stunden in 1 Liter Wasser einweichen. Hülsenfrüchte mit dem Wasser in einen Topf (am besten in einem Schnellkochtopf) geben, aufkochen lassen und den aufsteigenden Schaum abschöpfen. Kurkuma und Ingwer dazugeben und zugedeckt bei mittlerer Hitze köcheln lassen, bis die Hülsenfrüchte weich sind und leicht zerfallen.

Salz und Zucker hinzufügen, 5 Minuten weiterköcheln lassen und anschließend vom Herd nehmen. Das Dal sollte jetzt leicht dickflüssig sein (je nach Bedarf zum Schluss oder während des Kochens noch etwas heißes Wasser dazugeben).

Alle gemahlenen Gewürze (Kardamom, Zimt, Chili und Asafoetida) in einem Schälchen vermischen.

Fett oder Öl in einer kleinen Pfanne leicht erhitzen und die Kreuzkümmelsamen goldbraun darin anrösten (siehe Seite 20 f.). Sofort die gemahlenen Gewürze dazugeben, 5 Sekunden mit anrösten und in das Dal geben.

Das Dal umrühren, 5 Minuten ziehen lassen, mit Kreuzkümmelpulver bestreuen und servieren.

Gut bekömmlich für Vata und Pitta. Kapha wählt Linsen oder Moong Dal.

Fladenbrot

½ TL Fenchelsamen
10 schwarze Pfefferkörner
200 g dunkles Dinkel- *oder* Weißmehl
¾ TL Salz
100 ml warmes Wasser
2 EL Ghee, Kokosfett *oder* Bratöl
etwas Ghee zum Bestreichen (Menge nach Bedarf)

Fenchelsamen und Pfeffer-körner im Mörser leicht zerstoßen und mit Mehl, Öl oder Fett sowie Salz in einer Schüssel von Hand gut durchmischen (verreiben). Warmes Wasser dazugeben und so lange kneten, bis die Masse sehr weich, samtig und nicht klebrig ist. (Bei bestimmten Mehlsorten benötigen Sie möglicherweise sogar mehr Wasser als angegeben.) Den Teig 15 Minuten ruhen lassen.

Den Teig nochmals durchkneten. Aus der Masse etwa 3 Zentimeter große Kugeln formen und die Teigkugeln auf einer leicht bemehlten Arbeitsfläche zu 1 bis 2 Millimeter dünnen, runden Fladen ausrollen.

Eine flache Pfanne bei mittlerer Hitze erwärmen. Ghee, Kokosfett oder Bratöl in die Pfanne geben und einen Fladen hineinlegen. Sobald kleine Bläschen zu sehen sind, das Fladenbrot wenden. Die andere Seite goldbraun backen.

Anschließend das Fladenbrot wieder wenden und über einer offenen Flamme drehen, bis es leicht anbräunt und sich – im besten Falle – aufbläht. Sollte keine offene Flamme verfügbar sein, das Fladenbrot in der Pfanne weiterbacken und nach dem zweiten Wenden mit einem sauberen Tuch leicht daraufdrücken, damit es sich aufblähen kann.

Die fertigen Fladenbrote nach Belieben mit wenig Bratöl bestreichen, auf einen Teller legen und servieren.

Gut bekömmlich für Vata und Pitta. Kapha nimmt Roggenmehl.

Okraschoten im Kokosmantel

300 g Okraschoten
1½ EL Ghee, Kokosfett *oder* Bratöl
½ TL Salz
1 TL gemahlene Koriandersamen
½ TL Kurkuma (Gelbwurz)
2 EL Kokosraspel (am besten frische)

Von den Okraschoten Spitzen und Stiele abschneiden.

Fett oder Öl in einer Pfanne erhitzen, Okraschoten mit etwas Salz zugedeckt 3 Minuten darin anbraten. Koriander, Kurkuma, restliches Salz und Kokosraspel dazugeben und unter regelmäßigem Wenden garen, bis die Okraschoten weich sind.

Sehr bekömmlich für Vata und Pitta. Nicht empfehlenswert für Kapha.

Spargel und Süßkartoffeln
an scharfer Béchamelsauce

500 g Süßkartoffeln
2 EL Olivenöl
500 g Spargel
1 l Wasser
2½ TL Salz
1 EL Rohrzucker
1 Handvoll Granatapfelkerne (zum Bestreuen)

Für die Béchamelsauce:
2½ EL Bratöl *oder* Kokosfett
4 EL Weißmehl Type 405
500 ml vegane Milch (Seite 9), am besten Reismilch
15 schwarze Pfefferkörner, grob gemahlen
½ TL gemahlene Muskatnuss
1 TL Salz
½ TL Cayennepfeffer
evtl. etwas kochendes Wasser (Menge nach Bedarf)

Für die Béchamelsauce Bratöl oder Kokosfett in einem Topf leicht erhitzen und das Mehl darin 1 Minute anschwitzen. (Es sollte nicht anbräunen!) Milch, Pfeffer, Muskat, Salz und Cayennepfeffer dazugeben, mit dem Schneebesen kräftig rühren und dabei zum Kochen bringen. Die Sauce 3 Minuten köcheln lassen und vom Herd nehmen. Bei Bedarf noch etwas kochendes Wasser dazugeben. Die Béchamelsauce sollte dickflüssig sein. Achten Sie darauf, dass sie nicht anbrennt!

Süßkartoffeln schälen und in kleine Stücke schneiden. Anschließend 1 Esslöffel Olivenöl in einer Pfanne erhitzen, Süßkartoffeln rundherum darin anbraten, bis sie weich sind.

In der Zwischenzeit die Spargelstangen schälen. Wasser in einen hohen Topf geben. Spargel mit dem restlichen Olivenöl, Salz und Zucker hineingeben, weich kochen und abtropfen lassen.

Das Gemüse zusammen mit der Béchamelsauce heiß servieren. Zuvor mit den Granatapfelkernen bestreuen.

Tipp: Anstatt veganer Milch können Sie auch 250 Milliliter Sahne und 250 Milliliter Wasser verwenden.

Kapha wählt ausschließlich Spargel. Vata und Pitta nehmen weniger Spargel und Pitta lässt den Cayennepfeffer weg.

Aphrodisisches Halwa
an Erdbeer-Rosen-Sauce

Für das Halwa:
80 g Ghee, Kokosfett *oder* Margarine
100 g Hartweizen-Grieß
100 g gemahlene Nüsse, z. B. Mandeln, Haselnüsse oder Kokosraspel
1 Handvoll Rosinen (wenn gewünscht)
100 g Rohrzucker
150 ml Milch *oder* vegane Milch (Seite 9)

Für die Erdbeer-Rosen-Sauce:
500 g Erdbeeren
3 EL Rohrzucker
2 TL Rosenwasser (wenn gewünscht)

Für das Halwa das Fett in einem Topf zerlassen, Grieß dazugeben und bei mittlerer Hitze goldbraun anrösten. Gemahlene Nüsse und eventuell Rosinen 2 Minuten mit anrösten. Unter ständigem Rühren vorsichtig Zucker und Milch hinzufügen. Das Ganze bei niedriger Hitze einkochen lassen, bis es eindickt. Halwa vom Herd nehmen und zudecken.

Für die Sauce die Erdbeeren entstielen, klein schneiden und mit Zucker in einem Topf einkochen lassen, bis eine dickflüssige Sauce entsteht. Nach Belieben Rosenwasser dazugeben.

Halwa mit der Sauce warm servieren.

Bekömmlich für Vata und Pitta. Kapha genießt es in kleinen Portionen.

Creme-Frucht-Highlight

500 g Rhabarber *oder* Äpfel
170 g Rohrzucker
½ Vanillestange
700 ml vegane Milch (Seite 9)
60 g Mais- *oder* Tapiokastärke
100 g Zwieback
500 g Mangomus
etwas Wasser (Menge nach Bedarf)

Rhabarber in kleine Stücke schneiden. Oder Äpfel schälen, halbieren, entkernen und in kleine Stücke schneiden. Rhabarber mit 100 Gramm Zucker bzw. Apfelstücke mit 2 EL Zucker in einem Topf garen, bis die Stücke weich sind.

Die Vanillestange längs aufschneiden und mit einem Teelöffel das Mark herauskratzen. Vanillemark mit der Milch und den restlichen 70 Gramm Zucker in einen zweiten Topf geben und 5 Minuten köcheln lassen. Stärke in wenig Wasser anrühren, kräftig mit dem Schneebesen unterrühren, kurz aufkochen lassen und vom Herd nehmen.

Eine vegan eingefettete Auflaufform mit der Hälfte des Zwiebacks auslegen, eine Schicht Rhabarber- oder Apfelkompott hineingeben und die Hälfte der Vanillecreme darauf verteilen. Mit dem restlichen Zwieback bedecken, das Mangomus daraufstreichen sowie die restliche Vanillecreme. Die Nachspeise 3 Stunden auskühlen lassen und servieren.

Tipps: Sie können das Dessert auch in kleinen Gläschen anrichten (siehe Foto links). Dieses Dessert schmeckt ebenso köstlich, wenn Sie zu Apfelkompott und Mangomus noch frische oder eingekochte Erdbeeren in die Schichten geben.

Gut bekömmlich für Vata. Pitta verwendet Äpfel und Mangomus. Nicht empfehlenswert für Kapha.

Kiwi
an Karamell-Apfel-Sauce

3 EL Rohrzucker
100 ml Apfelsaft
1½ TL geraspelte Orangenschale (von einer Bio-Orange!) *oder* 1 TL Mais- bzw. Tapiokastärke
2 süße, reife Kiwis
Kokosraspel (am besten frische)

Den Zucker in einer Pfanne leicht goldbraun karamellisieren. Apfelsaft und Orangenschale dazugeben und einkochen lassen, bis die Sauce leicht eindickt. Oder 1 Teelöffel Stärke in etwas Wasser anrühren, 1 Minute köcheln lassen und dann zur Karamell-Apfel-Sauce gießen.

Kiwis schälen, in Scheiben schneiden und mit etwas Karamellsauce und Kokosraspeln garniert servieren.

Tipp: Sehr lecker schmeckt die Sauce, wenn sie anstelle von Apfelsaft mit Orangensaft zubereitet wird.

Gut bekömmlich für Vata und Pitta. Kapha genießt dieses Dessert in kleinen Portionen.

Glasierte Erdbeeren
mit Karamellperlen

Für die Erdbeeren:
¼ Vanillestange *oder* 2 TL Vanillezucker
2 EL Rohrzucker
100 ml Wasser
8 mittelgroße Erdbeeren

Für die Karamellperlen:
100 g Sago-Perlen (kleine oder mittelgroße Tapioka-Perlen)
1 l Wasser *plus* 100 ml Wasser
4 EL Rohrzucker

Für die Erdbeeren die Vanillestange längs aufschneiden und mit einem Löffel das Mark herauskratzen. Rohrzucker in einer Pfanne erhitzen, bis er goldbraun karamellisiert. Sofort Wasser und Vanillestange mit -mark oder Vanillepulver dazugeben und einkochen lassen, bis die Mischung so dickflüssig wie Honig ist. Die Erdbeeren entstielen, darin wenden und auf Dessertschälchen dekorativ verteilen.

Für die Karamellperlen die Sago-Perlen mit 1 Liter Wasser in einen Topf geben, 10 Minuten köcheln lassen, vom Herd nehmen und ziehen lassen.

Den Rohrzucker in einer Pfanne erhitzen, bis er goldbraun karamellisiert, 100 Milliliter Wasser dazugeben und einkochen lassen, bis es leicht dickflüssig wird. Anschließend abkühlen lassen und die Sago-Perlen untermischen.

Die glasierten Erdbeeren hübsch mit den Sago-Perlen anrichten und servieren.

Tipp: Man kann dieses Dessert auch mit einem Sahnehäubchen garniert servieren.

Sehr bekömmlich für Vata. Pitta und Kapha genießen die Erdbeeren in kleinen Portionen.

Sommer

Wenn im Sommer die Außentemperaturen steigen, verringert der Körper automatisch sein inneres Verdauungs-feuer, um einen Ausgleich zu schaffen. Dadurch werden unser Stoffwechsel und die Verdauungskraft reduziert und wir haben weniger Appetit. Jetzt braucht der Körper eher Pitta senkende und leicht verdauliche Nahrung.

Essen Sie in Maßen und nur, wenn Sie wirklich Hunger haben. Genießen Sie Salate als Beilagen und Früchte als Zwischenmahlzeiten. Ihre Gerichte sollten leicht und mild sein. Nehmen Sie weniger scharfe, salzige und saure Zutaten zu sich und vermeiden Sie möglichst sehr heiße Gerichte – es sei denn, Sie verspüren ein Bedürfnis danach.

Trinken Sie viel, aber nicht beim oder kurz nach dem Essen. Falls Sie ein starkes Pitta haben, können Sie zwar auch einmal ein gekühltes Getränk genießen, doch meist sind gekühlte Getränke viel zu kalt. Sie stören das Verdauungsfeuer und der Körper muss sich anschließend unnötig aufheizen. In der heißen Jahreszeit tun wir gut daran, mehr Wasser, Tee, Lassi (Seite 175) oder frische Fruchtsäfte zimmerwarm oder leicht erwärmt zu uns zu nehmen.

Würzige Kichererbsen

250 g Kichererbsen (getrocknet oder aus der Dose)
Wasser zum Einweichen (Menge nach Bedarf)
1 Tomate
3 EL Bratöl *oder* Maiskeimöl
1½ TL schwarze Senfkörner
1 getrocknete Chilischote
1–2 Msp. Asafoetida
ca. 40 frische Curryblätter
1½ TL Salz
¼ TL Kurkuma (Gelbwurz)
100 ml Wasser
10 schwarze Pfefferkörner, gemahlen

Getrocknete Kichererbsen in genügend Wasser 5 Stunden einweichen und danach in einem Schnellkochtopf weich kochen. Kichererbsen aus der Dose mit etwas Wasser in einen Topf geben, 5 Minuten kochen und in einem Sieb gründlich abspülen.

Die Tomate häuten (siehe Seite 21) und in kleine Würfel schneiden. Öl in einer Pfanne erhitzen und Senfkörner sowie die Chilischote darin anrösten, bis die meisten Senfkörner aufgesprungen sind. Vorsicht, das Öl sollte nicht zu heiß werden (siehe Seite 20 f.)! Sofort Asafoetida sowie Curryblätter 5 Sekunden mit anrösten.

Dann sofort Kichererbsen, Salz, Kurkuma, Tomatenstücke und Wasser dazugeben und unter regelmäßigem Wenden bei mittlerer Hitze einkochen lassen. Sobald die Flüssigkeit verkocht und die Tomatenstücke vollständig zerfallen sind, den Pfeffer einrühren, das Ganze 1 Minute köcheln lassen und vom Herd nehmen.

Tipp: Wenn Sie frischen Koriander mögen, können Sie zum Schluss 1 Handvoll fein gehackte Korianderblätter unter die Kichererbsen mischen.

Gut bekömmlich für Vata. Pitta lässt die Chilischote weg. Kapha genießt die würzigen Kichererbsen in kleinen Portionen.

Erbsencremesuppe
mit Basilikum

500 g Erbsen (frisch oder tiefgekühlt)
500 ml Wasser
2 TL Salz
2 EL Olivenöl
1/4 EL Asafoetida
1/2–3/4 TL schwarzer Pfeffer, gemahlen
2 Handvoll frische Basilikumblätter, gehackt

Wasser und Salz in einen Topf geben und die gefrorenen Erbsen 5 Minuten darin kochen. Frische Erbsen über Nacht in dem Wasser einweichen, das Salz dazugeben und in dem Einweichwasser 60 bis 90 Minuten lang weich kochen. Die Erbsen anschließend im Mixer oder in einer hohen Rührschüssel mit einem Pürierstab fein zerkleinern und die Masse durch ein Sieb streichen.

In einer kleinen Pfanne das Olivenöl leicht erhitzen und Asafoetida sowie Pfeffer 20 Sekunden darin anrösten (siehe Seite 20 f.). Die Gewürze mit gehacktem Basilikum in die Erbsencreme einrühren und servieren.

Gut bekömmlich für alle drei Doshas. Vata und Pitta können ganz zum Schluss etwas Sahne dazugeben.

Spinatravioli

mit Tomatensauce und gegrillten Zucchini

Spinatravioli mit Tomatensauce und gegrillten Zucchini

Spinatravioli

Für die Füllung:

200 g Spinat
2–3 Msp. Salz
100 g Paprika
⅓ TL Anissamen
15 schwarze Pfefferkörner
1 EL Bratöl
50 ml Sahne *oder* vegane Sahne (wenn gewünscht, Seite 25)

Für den Teig:

150 g Weißmehl (Type 1050 oder 405)
90 g Hartweizengrieß (wenn gewünscht)
2 EL Olivenöl
½ TL Salz
100 ml heißes Wasser
Salzwasser zum Kochen der Ravioli (Menge nach Bedarf)

Für die Füllung Spinat mit Salz in einen Topf geben und bei mittlerer bis hoher Hitze unter regelmäßigem Wenden unbedeckt dünsten, bis der Spinat weich und das Wasser vollständig verdampft ist.

Die Paprikaschote entkernen, die weißen Innenhäute entfernen und das Paprikafleisch fein raspeln. Anissamen und Pfefferkörner im Mörser leicht zerstoßen.

Das Bratöl in einer Pfanne leicht erhitzen, die Gewürze darin 30 Sekunden anrösten (siehe Seite 20 f.), die Paprikastücke dazugeben und darin 2 Minuten dünsten. Nach Belieben mit Sahne aufgießen und diese einkochen lassen, bis sie sehr dickflüssig ist. Den Spinat unterrühren, vom Herd nehmen und auf einem Teller abkühlen lassen.

Für den Teig Mehl, nach Wunsch Hartweizengrieß, Olivenöl und Salz in einer Schüssel von Hand gut vermischen (verreiben). Das Wasser dazugeben und die Masse so lange kneten, bis sie fest und geschmeidig ist. (Je nach Mehlqualität mehr oder weniger Wasser verwenden. Vollkornmehl saugt etwas mehr Wasser auf.) Anschließend den Teig 15 Minuten ruhen lassen.

Den Teig 3 Millimeter dünn ausrollen und Kreise mit einem Durchmesser von 5 bis 7 Zentimetern ausstechen. Die Teigkreise in einen Teigformer geben, etwas Spinatfüllung darauf verteilen und zusammenpressen, sodass gut geschlossene Taschen entstehen. Alternativ können Sie den Teig beliebig ausstechen, füllen und gut verschließen.

Salzwasser in einem Topf zum Kochen bringen, Ravioli hineingeben, erneut zum Kochen bringen und bei niedriger bis mittlerer Hitze 5 Minuten gar ziehen lassen.

Tipp: Alternativ können Sie für den Teig 200 Gramm doppelt gemahlenes Hartweizenmehl mit ½ Teelöffel Salz in einer Schüssel von Hand gut vermischen (verreiben), 100 Milliliter heißes Wasser dazugeben und so lange kneten, bis der Teig fest und geschmeidig ist.

Gut bekömmlich für alle drei Doshas.

Tomatensauce mit Basilikum

500 g Tomaten
400 ml Wasser
3/4 TL Salz
1/2 EL Rohrzucker
15 schwarze Pfefferkörner, gemahlen
5 schwarze Kardamomkapseln (jeweils mit einem seitlichen Schlitz)
3 Nelken
50 ml Sahne *oder* vegane Sahne (wenn gewünscht; Seite 25)
3 EL Olivenöl
1 Zweiglein Rosmarin (wenn gewünscht)

Tomaten häuten (siehe Seite 21) und in einem Topf pürieren. Wasser, Salz, Zucker, Pfeffer, Karda-mom, Nelken und nach Belieben Rosmarin dazugeben und zugedeckt bei niedriger Hitze etwa 50 Minuten köcheln lassen, bis die Sauce dickflüssig ist.

Nach Belieben Sahne dazugeben, 1 Minute weiterköcheln lassen und vom Herd nehmen. Olivenöl untermischen und mit den Ravioli servieren.

Gut bekömmlich für Vata und Pitta. Kapha lässt die Sahne weg.

Gegrillte Zucchini

400 g Zucchini
etwas Asafoetida (Menge nach Bedarf)
etwas Cayennepfeffer (Menge nach Bedarf)
3/4 TL Salz
frische Kräuter, z. B. Rosmarin oder Thymian
3 EL Olivenöl

Von den Zucchini die Enden abschneiden. Anschließend in Spiralen, Scheiben oder Würfel schneiden und in einer Schüssel mit Gewürzen, Kräutern und Olivenöl vermischen. Die Zucchinistücke auf einer Aluschale verteilen und grillen oder alternativ in einer Pfanne zugedeckt bei mittlerer Hitze garen, bis sie leicht anbräunen und weich sind. Dabei regelmäßig wenden.

Gut bekömmlich für Pitta und Vata. Kapha genießt die gegrillten Zucchini in kleinen Portionen.

Kohl-Kartoffel-Rösti

mit Avocadocreme und Gemüsesalat

Kohl-Kartoffel-Rösti

300 g Weißkohl
400 g Kartoffeln
1½ EL Bratöl
¼ TL Asafoetida
1¼ TL Salz
15 schwarze Pfefferkörner, grob gemahlen
etwas Kokosfett, Olivenöl *oder* Ghee

Den Weißkohl halbieren, den Strunk herausschneiden und die Blätter in feine Streifen schneiden. Kartoffeln mit Wasser in einen Topf geben, bissfest kochen, die Haut abziehen und die Kartoffeln mit einer Haushaltsreibe grob raspeln.

Bratöl in einer Pfanne erhitzen und Asafoetida darin 5 Sekunden anrösten (siehe Seite 20 f.). Kohlstreifen und ½ Teelöffel Salz dazugeben und unter regelmäßigem Wenden bei mittlerer Hitze darin braten, bis der Kohl weich ist.

Kohlstreifen, Kartoffelraspel, Pfeffer und ¾ Teelöffel Salz in einer Schüssel vorsichtig durchmischen.

Etwas Öl oder Fett in einer Pfanne erhitzen. Die Rösti-Masse in kleinen Häufchen (die sich nicht berühren) hineinsetzen, mit einem Löffel etwas flach drücken und von beiden Seiten goldbraun braten. (Es sollte so viel Fett sein, dass die Rösti gut braten, aber nicht im Fett schwimmen.)

Gut bekömmlich für Pitta und Vata. Kapha genießt sie in kleinen Portionen.

Avocadocreme

1 Avocado
½ Peperoncini
3 EL Olivenöl
½ TL Salz
1 Prise Schwarzsalz
2 EL Maracujasaft *oder* 1½ EL Orangensaft und 1 TL Zitronensaft
evtl. 1 Handvoll kleine Ananas- *oder* Mangostücke

Die Avocado halbieren, entkernen und das Fruchtfleisch mit einem Löffel aus der Schale heben. Das Fruchtfleisch in kleine Stücke schneiden. Peperoncini sehr klein schneiden.

Avocadofruchtfleisch mit einer Gabel gut zerdrücken und mit Peperoncini und den restlichen Zutaten in einer Schüssel zu einer feinen Creme vermischen.

Die Avocadocreme mit den Kohlrösti servieren.

Gut bekömmlich für Vata und Pitta. Kapha gibt mehr Peperoncini dazu.

Gemüsesalat

500 g Gemüse, z. B. Brokkoli, Mini-Maiskolben, Möhren, Tomaten, weich gekochte Kichererbsen, entsteinte Oliven, Kartoffeln
2½ EL Olivenöl
½ EL Rohrzucker
1½ EL Zitronensaft
15 schwarze Pfefferkörner, grob gemahlen
¾ TL Salz
¼ TL Schwarzsalz

Gemüse in kleine Stücke schneiden und weich dämpfen (siehe Seite 20).

Für die Sauce die restlichen Zutaten in eine Schüssel geben und mit dem Schneebesen kräftig verrühren.

Gedämpftes Gemüse vorsichtig mit der Sauce vermischen und lauwarm oder kalt servieren.

Tipps: Für eine cremige Sauce können Sie 20 Gramm Sonnenblumenkerne mit etwas Wasser zu einem dickflüssigen Brei pürieren und unter die Sauce rühren. Klein gehackte frische Kräuter Ihrer Wahl runden den Geschmack ab.

Gut bekömmlich für alle drei Doshas, vor allem, wenn der Gemüsesalat leicht erwärmt serviert wird.

Hirse-Mung-Bratlinge

mit feinem Gurkengemüse und buntem Gemüse im Erdnussmantel

Hirse-Mung-Bratlinge mit feinem Gurkengemüse und buntem Gemüse im Erdnussmantel

Hirse-Mung-Bratlinge

100 g Hirse
800 ml Wasser
100 g Mungbohnen
2 EL frische Ingwerwurzel, fein gewürfelt
2 Msp. Kurkuma (Gelbwurz)
1 TL Salz
Ghee, Olivenöl, Bratöl *oder* Maiskeimöl zum Anbraten (Menge nach Bedarf)

Hirse mit 300 Millilitern Wasser in einen Topf geben und zugedeckt bei niedrigster Hitze köcheln lassen, bis das Wasser vollständig aufgesogen ist.

In der Zwischenzeit Mungbohnen mit 500 Millilitern Wasser in einem Topf weich kochen und in ein Sieb abgießen. (Die Mungbohnen sollten weich sein, aber noch nicht zerfallen.)

Hirse, Mungbohnen, Ingwer, Kurkuma und Salz in einer Schüssel vermischen und aus der Masse mit angefeuchteten Händen Medaillons formen.

Öl oder Fett in einer Pfanne erhitzen und die Bratlinge von beiden Seiten bei niedriger Hitze darin bräunen.

Gut bekömmlich für alle drei Doshas.

Feines Gurkengemüse

1 Salatgurke (500–700 g)
1 kleine Tomate (80–100 g)
¼ TL Koriandersamen
⅓ TL Fenchelsamen
⅓ TL schwarze Senfkörner
10 schwarze Pfefferkörner
1 EL Bratöl *oder* Ghee
20 frische Curryblätter
½ TL Salz
1 EL Zitronensaft
100 ml Kokosmilch (Seite 26)

Die Salatgurke schälen und längs halbieren. Die Kerne mit einem Löffel entfernen und die Gurke in kleine Stücke schneiden. Tomate häuten (siehe Seite 21) und in kleine Würfel schneiden. Koriander- und Fenchelsamen sowie Senf- und Pfefferkörner im Mörser leicht zerstoßen.

Bratöl oder Ghee in einer Pfanne leicht erhitzen, zuerst die zerdrückten Gewürze und nach 10 Sekunden Curryblätter weitere 10 Sekunden darin anrösten (siehe Seite 20 f.). Sofort Gurkenstücke und Salz dazugeben und zugedeckt bei mittlerer Hitze etwa 10 Minuten dünsten, dabei regelmäßig wenden.

Anschließend Tomatenwürfel, Zitronensaft und Kokosmilch unterrühren, kurz aufkochen lassen und vom Herd nehmen.

Sehr bekömmlich für Vata und Pitta. Kapha gibt zusätzlich Cayenne- oder schwarzen Pfeffer in die Sauce.

Buntes Gemüse im Erdnussmantel

300 g Gemüse, z. B. breite Bohnen oder grüne Kochbananen
1 Handvoll ungeröstete, geschälte Erdnüsse *oder* Cashewnüsse
1½ EL Bratöl, Kokosfett *oder* Ghee
½ TL Salz
¾ TL gemahlene Koriandersamen
1 EL frische Pfefferminzblätter, gehackt

Gemüse nach Bedarf schälen und in kleine Stücke schneiden.

Die Erdnüsse in einer Pfanne ohne Fett anrösten, bis sie leicht anbräunen, und abkühlen lassen. In ein großlöchriges Sieb geben, die feine Hülsenhaut von Hand abreiben und absieben. Anschließend die Erdnüsse grob mahlen.

Fett oder Öl in einer Pfanne erhitzen, Gemüse mit Salz dazugeben und zugedeckt bei mittlerer Hitze 5 Minuten braten. Die Koriandersamen hinzufügen und das Gemüse nun garen, bis es weich ist. Kurz vor Ende der Garzeit die gemahlenen Erdnüsse und die Pfefferminze untermischen.

Tipps: Alternativ können Sie auch geröstete und gesalzene Erdnüsse verwenden. Diese in ein Sieb geben und das Salz gut abspülen. Die Erdnüsse trocknen lassen und grob mahlen. Cashewnüsse können ebenfalls verwendet werden. Diese ohne Öl oder Fett anrösten und ebenfalls grob mahlen.

Gut bekömmlich für Vata. Kapha und Pitta können Sonnenblumenkerne statt der Nüsse verwenden. Die Sonnenblumenkerne leicht anrösten (siehe Seite 20 f.) und grob mahlen.

Erbsen-Kachori
an Hot-Apple-Ginger-Sauce

Erbsen-Kachori

Für den Teig:

150 g Mehl (weißes, dunkles oder Vollkornmehl)
1 EL Bratöl
½ TL Salz
90 g Seidentofu, Soja- ***oder*** **Naturjoghurt**

Für die Füllung:

150 g Erbsen (frisch oder tiefgekühlt)
½ EL Bratöl, Kokosfett ***oder*** **Ghee**
1 EL frische Ingwerwurzel, gerieben
½ TL Garam Masala
1½ TL Pfefferminzblätter, fein gehackt
½ TL Salz
ca. ½ l Wasser

Zum Frittieren:

Frittieröl wie Maiskeimöl oder Kokosfett (so viel, dass das Öl in der Pfanne bzw. der Fritteuse mindestens 5 Zentimeter hoch steht)

Für den Teig Mehl mit Öl, Salz und Seidentofu bzw. Sojajoghurt in einer Schüssel von Hand vermischen. Die Masse so lange kneten, bis sie fest und geschmeidig ist. (Je nach Mehlsorte mehr oder weniger Seidentofu oder Sojajoghurt verarbeiten. Wenn Sie Vollkornmehl verwenden, brauchen Sie möglicherweise etwas mehr.) Den Teig 15 Minuten ruhen lassen.

Für die Füllung Wasser in einen Topf geben und die gefrorenen Erbsen 5 Minuten darin kochen. Frische Erbsen über Nacht in dem Wasser einweichen und in dem Einweichwasser 60 bis 90 Minuten lang weich kochen. Die Erbsen anschließend in ein Sieb geben, gründlich abspülen und abtropfen lassen. Öl oder Fett in einer Pfanne erhitzen. Ingwer darin 10 Sekunden anrösten, Garam Masala und Pfefferminze dazugeben und weitere 10 Sekunden anrösten (siehe Seite 20 f.). Vom Herd nehmen, Erbsen und Salz hinzufügen, alles mit den Händen zerdrücken und gut vermengen.

Für die Kachori aus dem Teig 3 bis 4 Zentimeter große Kugeln formen und diese ca. 4 Millimeter dick und rund ausrollen.

Mit einem Esslöffel jeweils eine kleine Menge der Füllung in die Mitte des Teigfladens geben. Die Teigränder leicht anfeuchten, über die Füllung nach oben ziehen, sorgfältig verschließen und den überschüssigen Teig mit einem Messer abschneiden. Achten Sie dabei darauf, dass keine Öffnung bleibt. Dann die Kugeln sanft etwas flach drücken.

Das Frittieröl in einem Topf zunächst leicht auf ca. 80 °C erhitzen und 5 bis 10 Kachori hineingeben. Sobald sie an der Oberfläche schwimmen, das Öl auf normale Frittiertemperatur (ca. 180 °C) bringen. Kachori ab und zu wenden und frittieren, bis sie schön goldbraun sind (siehe Seite 20). In einem Sieb abtropfen lassen und servieren.

Gut bekömmlich für Vata und Pitta. Nicht empfehlenswert für Kapha.

Hot-Apple-Ginger-Sauce

200 ml Apfelsaft
1 EL frische Ingwerwurzel, fein gewürfelt
1–2 Msp. Cayennepfeffer
1 EL Rohrzucker
1 TL Maisstärke ***oder*** **andere Stärke**
1 EL Wasser

Die Stärke in wenig Wasser anrühren. Apfelsaft, Ingwer, Cayennepfeffer und Rohrzucker in einen Topf geben und bei niedriger Hitze 5 Minuten köcheln lassen, dann die Stärke in Wasser auflösen und unter kräftigem Rühren in die Sauce einrühren. Das Ganze noch einmal kurz aufkochen lassen und vom Herd nehmen.

Gut bekömmlich für alle drei Doshas. Pitta und Vata lassen den Cayennepfeffer weg.

Reis-Erbsen-Bratlinge

in Kürbis-Safran-Sauce zu Tofu-Bohnen-Salat

Reis-Erbsen-Bratlinge

100 g Basmatireis
200 ml Wasser
50 g Erbsen (frisch oder tiefgekühlt)
150 g Rote Bete, weich gekocht
30 g feines, ungeröstetes Kichererbsenmehl
½ TL Salz
Oliven-, Bratöl, Kokosfett *oder* Ghee zum Anbraten (Menge nach Bedarf)
etwas Wasser für die Bratlinge (wenn nötig)

Den Reis wie „Basmatireis" (Seite 113) zubereiten.

Die gefrorenen Erbsen 5 Minuten in Wasser kochen. Frische Erbsen über Nacht in dem Wasser einweichen und im Einweichwasser 60 bis 90 Minuten lang weich kochen. Die Erbsen in einem Sieb spülen und abtropfen lassen.

Rote Bete grob raspeln.

Gekochten Reis, Erbsen, Rote Bete, Kichererbsenmehl und Salz zu einer festen, klebrig-feuchten Masse vermengen. Falls sie zu trocken ist, vorsichtig noch etwas Wasser dazugeben. Die Masse mit den Händen zu Medaillons formen.

Die Bratlinge in etwas Öl oder Fett in einer Pfanne bei niedriger Hitze von beiden Seiten bräunen.

Gut bekömmlich für Vata und Pitta. Kapha genießt die Bratlinge in kleinen Portionen.

Kürbis-Safran-Sauce

200 g Kürbis
250 ml Wasser
1 Msp. Safranpulver
3 Zitronenblätter
¾ TL Salz
50 ml Orangensaft

Kürbis nach Bedarf schälen und in kleine Stücke schneiden. Anschließend den Kürbis mit Wasser, Safran, Zitronenblättern und Salz in einen Topf geben und bei niedriger Hitze weich kochen. Vom Herd nehmen und Zitronenblätter herausnehmen. Mit dem Orangensaft aufgießen und die Kürbismischung fein pürieren.

Tipp: Die Sauce sollte dickflüssig sein. Bei Bedarf können Sie etwas mehr Orangensaft dazugeben.

Ideal für Vata und Pitta. Kapha nimmt zusätzlich ½ Teelöffel Cayennepfeffer und genießt die Sauce in kleinen Mengen.

Tofu-Bohnen-Salat

300 g grüne Bohnen
150 g Tofu *oder* Paneerwürfel (Seite 28 f.)
Olivenöl zum Anbraten (Menge nach Bedarf)
2 EL Zitronensaft
3 EL frischer Dill, fein gehackt
150 g Seidentofu
2 EL Olivenöl
20 schwarze Pfefferkörner, gemahlen
1 Handvoll frische Granatapfelkerne *oder* Korinthen
ca. ½ l Wasser

Von den Bohnen die Stiele abschneiden, die Bohnen halbieren, mit dem Wasser in einem Topf weich kochen und abtropfen lassen.

Tofu bzw. Paneer in kleine Würfel schneiden. Olivenöl in einer Pfanne erhitzen und die Tofu- bzw. die Paneerwürfel darin etwas anbräunen.

Zitronensaft, Dill, Seidentofu, Olivenöl und Pfeffer in einer Schüssel mit dem Schneebesen kräftig vermischen. Bohnen, Tofu und Granatapfelkerne oder Korinthen untermischen und servieren.

Tipps: Vata und Pitta können alternativ zum Seidentofu auch 100 Gramm Natur- oder Sojajoghurt und 1 Teelöffel Rohrzucker verwenden. Nichtveganer können Paneer statt des Tofus sowie Naturjoghurt statt des Seidentofus verwenden.

Gut bekömmlich für alle drei Doshas.

Kürbisblüten im Teigmantel

in Tomaten-Chili-Sauce mit Koriander zu Avocado-Mais-Reis-Salat

Kürbisblüten im Teigmantel

10 Kürbisblüten
60 g feines, ungeröstetes Kichererbsenmehl
40 g helles Reismehl
6 EL Mangomus
1 TL frisch gehackter Thymian
100 ml Wasser
¾–1 TL Salz
1 Prise Natron
etwas Brat- ***oder*** **Maiskeimöl (Menge nach Bedarf)**

Die Kürbisblüten vorsichtig abspülen und gut abtropfen lassen.

Beide Mehlsorten, Mangomus, Thymian, Wasser, Salz und Natron in einer Schüssel vermischen.

Das Öl in einer Pfanne erhitzen. Kürbisblüten im Teig wenden und bei niedriger bis mittlerer Hitze von beiden Seiten goldbraun braten.

Tipp: Alternativ zum Mangomus können Sie auch Apfelmus verwenden.

Gut bekömmlich für Vata und Pitta. Kapha genießt die Blüten in kleinen Portionen.

Tomaten-Chili-Sauce mit Koriander

200 g Tomaten
⅓ grüne Chilischote, entkernt und klein geschnitten
⅓ TL Salz
1 TL Rohrzucker
2 EL Sonnenblumenkerne
⅔ TL Kreuzkümmelsamen
1 Handvoll frische Korianderblätter, fein gehackt
2 EL Olivenöl

Die Tomaten häuten (siehe Seite 21) und in kleine Stücke schneiden. Tomatenstücke mit Chilischote, Salz, Rohrzucker und Sonnenblumenkernen in einer Schüssel pürieren.

Kreuzkümmelsamen in einer Pfanne trocken anrösten, bis sie leicht anbräunen (siehe Seite 20 f.). Kreuzkümmel im Mörser zerreiben und mit Korianderblättern sowie Olivenöl unter die Sauce mischen.

Gut bekömmlich für Vata. Pitta nimmt schwarzen Pfeffer statt Chili. Nicht empfehlenswert für Kapha.

Avocado-Mais-Reis-Salat

200 g Basmatireis
400 ml Wasser
1½ TL Salz
200 g Maiskörner (aus der Dose)
1 Avocado
2 EL Olivenöl
1½ EL Zitronensaft
ein paar frische Dillspitzen (wenn gewünscht)

Den Reis wie im Rezept „Basmatireis" (Seite 113) kochen.

Die Maiskörner in einem Sieb mit heißem Wasser abspülen und gut abtropfen lassen. Avocado halbieren, entkernen, das Fruchtfleisch mit einem Löffel aus der Schale heben und in Würfel schneiden.

Das Olivenöl mit Zitronensaft und eventuell mit frischen Dillspitzen in einer Schüssel gut vermischen, den warmen Reis, Maiskörner und Avocadowürfel vorsichtig unterziehen und warm servieren.

Tipps: Sie können auch frischen Mais verwenden. Dafür 2 bis 3 Maiskolben weich kochen und die Körner anschließend vorsichtig mit einem Messer lösen. ½ süße, klein geschnittene Mango gibt diesem Reis einen leicht exotischen Geschmack.

Gut bekömmlich für Vata und Pitta. Kapha genießt den Salat in kleinen Portionen.

Herzhafter Rundreis
mit Tofuplätzchen und erfrischendem Ananasdip

Herzhafter Rundreis

240 g Milchreis *oder* anderer Rundreis
1½ l Wasser
1 Avocado
200 g Aubergine *und* 100 g Paprika
evtl. 1 Handvoll schwarze Oliven, entsteint
1¾ TL Salz
4 EL Olivenöl

Reis mit Wasser bei mittlerer Hitze weich kochen. In ein Sieb abgießen, mit kaltem Wasser kurz abspülen und gründlich abtropfen lassen.

Die Avocado halbieren, entkernen und das Fruchtfleisch mit einem Löffel aus der Schale heben. Von der Aubergine den Stängelansatz abschneiden. Paprikaschote entkernen und die weißen Innenhäute entfernen. Das Gemüse in kleine Stücke schneiden und eventuell Oliven halbieren.

Auberginen- und Paprikastücke mit ½ Teelöffel Salz und etwas Olivenöl vermischen und im Backofen bei 200 °C backen, bis sie weich sind.

Alle Zutaten mit dem restlichem Salz und Olivenöl in einer Schüssel vermischen und servieren.

Tipp: 1 kleine Tomate (50 Gramm) häuten (siehe Seite 21), entkernen, in kleine Stücke schneiden und vor dem Servieren untermischen.

Sehr bekömmlich für Vata und Pitta. Nicht empfehlenswert für Kapha.

Tofuplätzchen

100 g feines, ungeröstetes Kichererbsenmehl
180 ml Wasser
¼ TL Asafoetida
½ TL Salz
1 Prise Natron
200 g Tofu
etwas Kokosfett, Bratöl *oder* Ghee
etwas Zitronensaft (Menge nach Bedarf)
2 Prisen Schwarzsalz (wenn gewünscht)

Kichererbsenmehl, Wasser, Asafoetida, Salz und Natron in einer kleinen Schüssel mit dem Schneebesen kräftig zu einem Teig verrühren.

Tofu zunächst in Würfel, dann in 5 Millimeter dünne, längliche Streifen schneiden. Etwas Fett oder Öl in einer Pfanne erhitzen.

Tofustreifen in dem Teig wenden, sofort in die Pfanne geben und von beiden Seiten goldbraun braten. (So viel Fett verwenden, dass der Tofu gut darin brät, aber nicht im Fett schwimmt.) Aus der Pfanne nehmen und auf einen Teller legen.

Vor dem Servieren mit etwas Zitronensaft beträufeln und mit Schwarzsalz bestreuen.

Tipps: Der Teig sollte leicht dickflüssig sein. Je nach Bedarf mehr oder weniger Wasser verwenden. Schmeckt auch mit Paneer (siehe Seite 28 f.) statt Tofu lecker.

Gut bekömmlich für alle Doshas. Kapha genießt die Tofuplätzchen in kleinen Portionen.

Erfrischender Ananasdip

1 TL Maisstärke *oder* andere Stärke
1½ EL Bratöl
1 EL frische Ingwerwurzel, fein gewürfelt
1 Sternanis
¼ TL Kurkuma (Gelbwurz)
200 ml Ananassaft

Stärke in wenig Wasser anrühren. Das Öl in einer Pfanne leicht erhitzen, Ingwer und Sternanis 15 Sekunden darin anrösten (siehe Seite 20 f.), Kurkuma 5 Sekunden mit anrösten, den Ananassaft dazugeben und alles unter kräftigem Rühren bei niedriger Hitze 7 Minuten köcheln lassen. Die angerührte Stärke unter kräftigem Rühren daruntermischen, den Dip kurz aufkochen lassen und vom Herd nehmen.

Gut bekömmlich für Kapha und Vata. Pitta nimmt wenig davon.

Fruchtiger Salat
mit Belugalinsen

100 g Belugalinsen
600 ml Wasser
10 Radieschen
10 mittelgroße Erdbeeren
15 g frische Ingwerwurzel
250 ml Apfelsaft
1 Prise Sternanispulver
2 EL Olivenöl
4 TL Zitronensaft
¼ TL Schwarzsalz
1 TL Salz

Linsen mit dem Wasser in einen Topf geben und weich kochen. In ein Sieb abgießen, gründlich abspülen und abtropfen lassen.

Die Radieschen in kleine Stifte schneiden. Erdbeeren entstielen und klein würfeln. Den Ingwer schälen und ebenso in feine Stifte schneiden.

Apfelsaft mit Sternanispulver in einem kleinen Topf einkochen lassen, bis er sehr dickflüssig ist. Anschließend Olivenöl, Zitronensaft und Salz dazugeben.

Alle Zutaten in eine Schüssel geben, vorsichtig durchmischen und sofort servieren.

Sehr bekömmlich für Vata und Kapha. Nicht empfehlenswert für Pitta.

In Kräutern gebackenes Gemüse

mit Kartoffel-Tomaten-Salat

In Kräutern gebackenes Gemüse

400 g Gemüse, z. B. Zucchini, Auberginen und Paprika
2 EL Olivenöl
1 EL frische Kräuter, fein gehackt, z. B. Thymian, Rosmarin oder Oregano
3/4 TL Salz

Von der Zucchini und der Aubergine die Enden bzw. den Stängelansatz abschneiden. Die Paprikaschote halbieren, entkernen und die weißen Innenhäute entfernen. Dann das Gemüse in Stücke schneiden.

Die Gemüsestücke mit Olivenöl, Kräutern und Salz auf einem Backblech vermischen und im Backofen bei 200 °C backen, bis sie weich sind und leicht anbräunen.

Gut bekömmlich für alle drei Doshas. Pitta lässt die Paprikaschoten, Thymian sowie Rosmarin weg. Kapha sollte das Gemüse gut backen und etwas schwarzen Pfeffer dazugeben.

Kartoffel-Tomaten-Salat

300 g festkochende Kartoffeln
300 g reife Tomaten
20 g Sonnenblumenkerne
20 ml Wasser
2 EL Olivenöl
1 EL Zitronensaft
1/2 TL Salz
1 TL Rohrzucker
frische Basilikumblätter (Menge nach Bedarf)

Die Kartoffeln mit Wasser in einem Topf weich kochen und die Haut abziehen. Tomaten häuten (siehe Seite 21). Anschließend Kartoffeln und Tomaten in beliebig große Stücke schneiden.

Sonnenblumenkerne, Wasser, Olivenöl, Zitronensaft, Salz und Zucker im Mixer zu einer cremigen Sahne verarbeiten. Die Basilikumblätter fein hacken.

Alle Zutaten in einer Schüssel vorsichtig durchmischen und servieren.

Tipp: Mit dieser Salatsauce (ohne die Basilikumblätter) schmeckt auch in feine Streifen geschnittener Chinakohl köstlich, der bekömmlich ist für Pitta und Kapha.

Gut bekömmlich für Pitta und Vata. Nicht empfehlenswert für Kapha.

Pfirsiche
an fruchtiger Karamellsauce

4 Pfirsiche
200 ml Wasser
3 EL Rohrzucker
7 Kardamomkapseln
½ Zimtstange
2 EL Sago-Perlen

Die Pfirsiche vorsichtig schälen, entsteinen und in Spalten schneiden. In einem Topf 1½ Esslöffel Rohrzucker leicht goldbraun karamellisieren. Wasser, Sago-Perlen, restlichen Rohrzucker, Kardamom, Zimtstange und Pfirsichspalten dazugeben und bei niedriger Hitze etwa 10 Minuten köcheln lassen. Dabei mit einem kleinen Schneebesen regelmäßig rühren, sodass die Perlen nicht aneinanderkleben.

Den Nachtisch vom Herd nehmen, in Dessertschälchen gießen und mindestens 3 Stunden ziehen lassen. Kalt servieren.

Gut bekömmlich für alle drei Doshas.

Mango

mit Kokoscreme und Maracujasaft

200 ml Reis-, Kokosmilch *oder* vegane Sahne (Seite 25)
40 g getrocknete Kokosraspel *oder* 60 g frische Kokosraspel
1½ EL Rohrzucker
3 TL Mais- *oder* Tapiokastärke
1 Prise Kampferpulver (essbarer Kampfer aus der Apotheke, falls erhältlich)
1 Maracuja (Passionsfrucht)
⅓ EL flüssiger Honig *oder* ein veganes Süßungsmittel der Wahl (siehe Seite 24 f.)
1 süße, reife Mango (am besten aus Asien)
ein paar frische Pfefferminzblätter (Menge nach Bedarf)

Die vegane Milch oder Sahne mit Kokosraspeln und Zucker in einen Topf geben und bei niedriger Hitze 5 Minuten köcheln lassen. Stärke in wenig Wasser anrühren, unter starkem Rühren zu der Milch geben, diese kurz aufkochen lassen und die Kokoscreme vom Herd nehmen. Nach Belieben und falls verfügbar Kampferpulver unterrühren.

Die Passionsfrucht halbieren und das Fruchtfleisch mit einem Löffel durch ein Sieb streichen, dabei den Saft auffangen. Den Maracujasaft mit Honig vermischen.

Mango schälen, halbieren, entkernen und das Fruchtfleisch in kleine Stücke schneiden. In Dessertgläser verteilen, jeweils etwas Kokoscreme daraufgeben, Maracujasaft darüber gießen und mit einem Pfefferminzblatt garniert servieren.

Gut bekömmlich für alle drei Doshas.

Heidelbeeren

mit Cashew-Rosinen-Sahne

400 g Heidelbeeren

Für die Cashew-Rosinen-Sahne:
1–2 EL frische Ingwerwurzel, geraspelt
100 g Cashewkerne
30 g Rosinen
3 Datteln, entsteint
1 EL Mandelmus
1 EL Rosenwasser
1 Prise Safranpulver
etwas Wasser *oder* Mandelmilch (Menge nach Bedarf)

Für die Cashew-Rosinen-Sahne die geraspelte Ingwerwurzel kräftig mit der Hand auspressen und dabei den Saft auffangen. Ingwersaft und Rosenwasser mit Cashewkernen, Rosinen, Datteln und Mandelmus in eine hohe Rührschüssel geben. Nach und nach etwas Wasser oder Mandelmilch dazugeben und pürieren, bis eine dickflüssige Sahne entsteht.

Die Heidelbeeren in Glasschälchen geben, mit der Cashew-Rosinen-Sahne übergießen, mit Safranpulver bestreuen und servieren.

Tipp: Sehr lecker schmeckt dieses fruchtige Dessert, wenn Sie zusätzlich 1 Tropfen Bittermandelöl, 2 Teelöffel geraspelte Zitronenschale (von einer Bio-Zitrone!), 2 Teelöffel Vanillezucker oder 1 Esslöffel Rosenwasser unter die Sahne mischen.

Gut bekömmlich für Vata. Pitta und Kapha genießen die Beeren in kleinen Portionen.

Kokos-Orangen-Pannacotta
mit Mangonektar

400 ml Kokosmilch (Seite 26) *oder* 300 ml Kokosmilch und 100 ml Sahne
½ EL Hartweizengrieß
3 EL heller Zucker, z. B. Sharkara
1 EL geraspelte Orangenschale (von einer Bio-Orange!)
etwas mehr als 1 TL Agar-Agar
½ Vanillestange *oder* 3 TL Vanillezucker
2 EL frische Ingwerwurzel, geraspelt
250 g Mangomus
1 EL Rohrzucker

Kokosmilch bzw. Kokosmilch und Sahne mit Grieß und Zucker in einen Topf geben und unter ständigem Rühren zum Kochen bringen. Orangenschale sowie Agar-Agar unterrühren und 3 Minuten köcheln lassen. Pannacotta in kleine Dessertformen gießen und auskühlen lassen.

Die Vanillestange längs aufschneiden und mit einem Löffel das Mark herauskratzen. Geraspelten Ingwer kräftig mit der Hand auspressen und dabei den Saft auffangen.

Anschließend Vanillestange mit -mark oder Vanillezucker, Mangomus, Ingwersaft und Rohrzucker in einen Topf geben und bei niedriger Hitze etwa 8 Minuten köcheln lassen. Die Vanillestange aus der Sauce nehmen.

Pannacotta aus den Formen auf Teller stürzen, mit etwas Sauce übergießen und servieren.

Tipp: Mit geschälten Orangenfilets garniert, sieht dieses Dessert nicht nur hübsch aus, sondern schmeckt zudem noch fruchtiger.

Gut bekömmlich für alle drei Doshas.

Mango-Erdbeer-Marmor

400 g Mangomus
6 EL Rohrzucker
1 TL Mais- *oder* Tapiokastärke
500 g Erdbeeren
Schlagsahne *oder* vegane Sahne (wenn gewünscht, Menge nach Bedarf)

Mangomus mit 2 Esslöffeln Zucker und der Stärke in einen Topf geben, 1 Minute aufkochen und abkühlen lassen.

Dann die Erdbeeren entstielen, in kleine Stücke schneiden und mit 4 Esslöffeln Zucker in einem Topf einkochen lassen, bis eine dickflüssige Sauce entsteht. Nach Belieben Schlagsahne steif schlagen.

Mangomus, Erdbeersauce und, wenn gewünscht, Sahne in eine große Dessertschale schichten und mit einer Gabel spiralförmig durchziehen, sodass ein Marmormuster entsteht.

Tipp: Je nach Geschmack mit frischen Mangospalten garniert und/oder etwas gemahlenem Kardamom bestreut servieren.

Gut bekömmlich für Vata. Pitta genießt das Dessert in kleinen Portionen. Nicht empfehlenswert für Kapha.

Herbst

Im Herbst verwandelt sich die Natur und speichert Reserven für den kargen Winter. Die Außentemperaturen sinken und es ist oft sehr windig. Unser Agni wird wieder stärker und vor allem unser Vata kann jetzt gestört sein. Körper und Geist brauchen nun beruhigende sowie wärmende Nahrung.

Essen Sie warme, süße, leicht saure und salzige Speisen. Verwenden Sie Vata-reduzierende, wärmende und aphrodisierende Gewürze, wie z. B. Zimt, Kardamom, Ingwer, Fenchel, Anis, Kreuzkümmel, frische Petersilie, Safran oder Rosenwasser.

Genießen Sie warme, opulente Gerichte, um Ihr Vata zu beruhigen und Ihr Herz zu erfreuen.

Fenchel-Birnen-Cremesuppe
mit Milch

1 Birne
200 g Fenchel
400 ml Wasser
200 ml vegane Milch (siehe Seite 9)
1 Sternanis
2/3 EL frische Ingwerwurzel, gerieben
3 Nelken
3/4 TL Salz
1 EL Bratöl *oder* Ghee
Samen von 4 Kardamomkapseln
5 schwarze Pfefferkörner
1/4 TL Kreuzkümmelsamen
1 TL Koriandersamen
3 Lorbeerblätter
1/2 TL Kurkuma (Gelbwurz) *und* ein wenig mehr zum Bestreuen

Die Birne geschält oder ungeschält halbieren, entkernen und in kleine Stücke schneiden. Fenchel ebenfalls in kleine Stücke schneiden.

Fenchel mit Birnenstücken, Wasser, Milch, Sternanis, Ingwer, Nelken und Salz in einen Topf geben und zugedeckt bei niedriger Hitze 20 Minuten köcheln lassen. Anschließend vom Herd nehmen, die Gewürze herausnehmen und die Suppe pürieren.

Kardamomsamen, Pfefferkörner, Kreuzkümmel- und Koriandersamen in einem Mörser zerreiben. Bratöl oder Ghee in einer kleinen Pfanne leicht erhitzen, Lorbeerblätter, Kurkuma und die gemahlenen Gewürze 15 Sekunden darin anrösten (siehe Seite 20 f.). Sofort in die Suppe geben, 10 Minuten durchziehen lassen und, mit etwas Kurkuma bestreut, servieren.

Gut bekömmlich für alle drei Doshas. Vata kann statt der Birnen Äpfel verwenden.

Zucchini-Cashew-Suppe

200 g Zucchini
400 ml Wasser
1–1¼ TL Salz
130 ml Cashewsahne (Seite 25)
1 EL Kokosfett, Bratöl, Olivenöl *oder* Ghee
1 Msp. Asafoetida
2 TL gemahlener Koriander
½ EL Zitronensaft

Von den Zucchini die Enden abschneiden und die Zucchini in kleine Stücke schneiden. Zucchinistücke mit Wasser und Salz in einen Topf geben und zugedeckt bei niedriger Hitze 15 Minuten köcheln lassen. Anschließend pürieren. Die Cashewsahne unterrühren, 7 Minuten weiterkochen lassen und vom Herd nehmen.

Öl oder Fett in einer kleinen Pfanne leicht erhitzen, Asafoetida sowie Koriander 15 Sekunden darin anrösten und in die Suppe geben. Mindestens 5 Minuten ziehen lassen, den Zitronensaft unterrühren und sofort servieren.

Sehr bekömmlich für Vata und Pitta. Kapha genießt die Suppe in kleinen Portionen.

Grünkernbratlinge

mit Chili-Petersilien-Chutney und Möhren-Bananen-Korma

Grünkernbratlinge mit Chili-Petersilien-Chutney und Möhren-Bananen-Korma

Grünkernbratlinge

100 g Grünkern
230 ml Wasser
½ TL Salz
½ Avocado (klein gewürfelt; wenn gewünscht)
150 g Tomaten
50 ml Apfelsaft
1 Zweig Thymian
1 EL Weißmehl, Type 405
1 EL Kichererbsenmehl
1 EL Ghee, Oliven- *oder* Bratöl

Grünkern in einem Sieb abspülen und mit 230 Millilitern Wasser sowie Salz in einen Topf geben. Zugedeckt bei niedriger Hitze kochen, bis er weich und das Wasser vollständig verkocht ist.

Die Tomaten häuten (siehe Seite 21) und in kleine Würfel schneiden. Tomatenwürfel mit Apfelsaft und Thymian in einem zweiten Topf einkochen lassen, bis eine eingedickte Tomatenpaste entsteht. Vom Herd nehmen, Weiß- und Kichererbsenmehl sowie Grünkern und, falls gewünscht, Avocadostücke unterrühren und die Masse abkühlen lassen.

Aus der Grünkernmasse mit angefeuchteten Händen kleine Klöße formen. Fett oder Öl in einer Pfanne erhitzen und die Klöße darin bei niedriger bis mittlerer Hitze von beiden Seiten goldbraun braten.

Gut bekömmlich für Pitta. Vata muss sie gut kauen. Nicht empfehlenswert für Kapha.

Chili-Petersilien-Chutney

40 g frische Petersilie
¼ grüne Chilischote, entkernt und klein geschnitten
1 EL Zitronensaft
2 EL Orangen- *oder* Apfelsaft
¼ TL Salz
evtl. 1 EL Olivenöl

Die Petersilie in einem Sieb abspülen, abtropfen lassen und mit den restlichen Zutaten in einem Mixer oder traditionell in einem Steinmörser fein zerreiben. Es sollte eine dickflüssige Paste entstehen. Bei Bedarf mehr Saft dazugeben.

Ideal für Kapha und Vata. Pitta nimmt etwas frischen Ingwer statt Chili und genießt das Chutney in kleinen Portionen.

Möhren-Bananen-Korma

250 g Möhren
250 g grüne Kochbananen (am besten kleinere Kochbananen aus Indien)
1 grüne Chilischote
2½ EL Kokosfett, Bratöl, Maiskeimöl *oder* Ghee
¾ TL schwarze Senfkörner
2 Sternanis
5 Nelken
½ Zimtstange
1 Handvoll frische Curryblätter
1–2 Msp. Asafoetida
1¼ TL Salz
120 ml Cashewsahne (Seite 25)
100 ml Kokosmilch (Seite 26)
¼ TL Kurkuma (Gelbwurz)

Von den Möhren und den Kochbananen mit einem Sparschäler die äußerste Haut abschälen und das Gemüse in Stäbchen schneiden. Die Bananen danach in Kurkumawasser (siehe Seite 21) einlegen. Die Chilischote längs halbieren und entkernen.

Fett oder Öl in einer Pfanne erhitzen und die Senfkörner darin anrösten, bis die meisten aufgesprungen sind. Vorsicht, das Öl sollte nicht zu heiß werden (siehe Seite 20 f.)! Sofort Sternanis, Nelken und Zimtstange 5 Sekunden, danach Curryblätter, grüne Chili und Asafoetida 10 Sekunden mit anrösten. Gemüse und Salz dazugeben und das Ganze zugedeckt bei niedriger bis mittlerer Hitze 7 Minuten garen. Dabei regelmäßig wenden.

Cashewsahne, Kokosmilch und Kurkuma unterrühren und köcheln lassen, bis das Gemüse weich ist. Anschließend vom Herd nehmen und servieren.

Tipps: Das Korma sollte dickflüssig sein. Je nach Bedarf länger einkochen oder etwas kochendes Wasser hinzufügen. Sie können das Gemüse auch separat dünsten oder mit etwas Öl backen (siehe Seite 20) und zum Schluss mit in die Sauce geben. Natürlich schmecken auch andere Gemüsesorten wie z. B. Auberginen oder Süßkartoffeln hier lecker. Sie können außerdem auch nur Cashewsahne oder nur Kokosmilch verwenden.

Gut bekömmlich für alle drei Doshas. Kapha und Pitta lassen die Cashewsahne weg und nehmen stattdessen mehr Kokosmilch.

Basmatireis mit Tofu

an Tomaten-Nusscreme-Curry und gebratenem Rettich

Basmatireis

200 g Basmatireis
400 ml Wasser
1½ TL Salz
1–2 TL Ghee (nach Wunsch)

Den Reis in einem Sieb gut abspülen und abtropfen lassen, mit den restlichen Zutaten aufkochen und zugedeckt bei niedrigster Hitze 8 bis 10 Minuten köcheln lassen.

Den Reis, wenn das Wasser verkocht ist, vom Herd nehmen, noch 5 Minuten ziehen lassen und servieren.

Gut bekömmlich für Pitta und Vata. Kapha genießt den Reis in kleinen Portionen.

Tofu an Tomaten-Nusscreme-Curry

4 mittelgroße Tomaten
40 g weiße Mohnsamen (in indischen Lebensmittelläden erhältlich) *oder* gemahlene Mandeln
40 g Cashewkerne
1½ TL Kreuzkümmelsamen
2 TL geraspelte Bio-Zitronenschale
620 ml Wasser
2 EL Bratöl oder Ghee
¾ EL Rohrzucker
1¼ EL frische Ingwerwurzel, gerieben
½ TL Kurkuma (Gelbwurz)
1½ TL Salz
300 g Tofu
100 ml Kokosmilch (Seite 26)
1 EL Zitronensaft

Tomaten häuten (siehe Seite 21) und pürieren.

Mohnsamen oder Mandeln, Cashewkerne, Kreuzkümmel und Zitronenschale mit 120 Millilitern Wasser im Mixer zu einer feinen, leicht dickflüssigen Sahne pürieren (siehe Seite 25).

Das Bratöl oder Ghee in einem Topf erhitzen und den Zucker darin goldbraun karamellisieren. Sofort Ingwer dazugeben und unter ständigem Rühren darin anbraten, bis er trocken ist und leicht anbräunt. Dann die zuvor hergestellte Sahne, das Tomatenpüree, Kurkuma, Zitronenschale, Salz und 500 Milliliter Wasser dazugeben und bei niedriger Hitze köcheln lassen, bis das Curry dickflüssig ist.

Tofu in beliebig große Stücke schneiden und mit der Kokosmilch zum Curry geben, 3 Minuten weiterköcheln lassen und vom Herd nehmen. Vorsichtig Zitronensaft untermischen und das Curry servieren.

Tipp: Die Tofustücke sollten in einer leicht dickflüssigen Sauce schwimmen. Je nach Bedarf können Sie etwas mehr kochend heißes Wasser dazugeben.

Gut bekömmlich für alle drei Doshas. Kapha lässt die Cashewkerne weg und nimmt dafür mehr weiße Mohnsamen.

Gebratener Rettich

300 g Rettich
1½ EL Bratöl *oder* Maiskeimöl
½ TL Panch Phutan (Seite 24)
1–2 Msp. Asafoetida
½ TL Salz

Den Rettich schälen und zu Spiralen schneiden.

Öl in einer Pfanne erhitzen, Panch Phutan anrösten, bis die meisten Senfkörner aufgesprungen sind. Vorsicht: Das Öl sollte nicht zu heiß werden (siehe Seite 20 f.)! Asafoetida dazugeben.

Nach 2 Sekunden Rettich und Salz hinzufügen und zugedeckt unter regelmäßigem Wenden braten, bis der Rettich anbräunt und weich ist.

Gut bekömmlich für Kapha und Vata. Nicht empfehlenswert für Pitta.

Knusprige Maishäppchen

mit Mangold zu Pastinaken-Kartoffel-Brei und Paprika-Birnen-Ragout

Knusprige Maishäppchen mit Mangold zu Pastinaken-Kartoffel-Brei und Paprika-Birnen-Ragout

Knusprige Maishäppchen

150 g Maiskörner
30 g weißes Reismehl
2 EL Kichererbsenmehl
1/3 TL Salz
1/4 TL Asafoetida
etwas Kokosfett, Olivenöl, Maiskeimöl, Bratöl *oder* Ghee

100 Gramm Maiskörner im Mixer fein hacken. Gehackten Mais mit den restlichen Maiskörnern, Reismehl, Kichererbsenmehl, Salz und Asafoetida in einer Schüssel vermischen.

Fett oder Öl in einer Pfanne erhitzen. Die Maismasse in kleinen Häufchen in die Pfanne setzen, etwas flach drücken und von beiden Seiten bei mittlerer Hitze braten, bis die Maishäppchen goldbraun sind.

Tipp: Man kann die Häppchen auch goldbraun frittieren (siehe Seite 20).

Gut bekömmlich für alle drei Doshas. Pitta und Kapha sollten die Maishäppchen nicht frittieren.

Gedünsteter Mangold

1½ EL Brat- *oder* Sesamöl
1 TL gemahlener Koriander
400 g Mangold
3/4 TL Salz
2 Msp. Steinsalz
2 EL Sojasauce

Das Öl in einer hohen Pfanne leicht erhitzen und Koriander darin 15 Sekunden anrösten (siehe Seite 20 f.). Mangold und Salz dazugeben und bei hoher Hitze 5 Minuten unbedeckt bissfest dünsten. Steinsalz und Sojasauce untermischen, noch 2 Minuten weiterdünsten und vom Herd nehmen.

Ideal für Kapha und Pitta. Für Kapha Mangold ganz weich kochen. Vata gibt beim Dünsten ½ Teelöffel leicht zerdrückte Fenchelsamen dazu.

Pastinaken-Kartoffel-Brei mit würzigem Ghee

300 g mehlig kochende Kartoffeln
300 g Pastinaken
Kochwasser für die Kartoffeln (Menge nach Bedarf)
2 EL Bratöl *oder* Ghee
1½ EL frische Ingwerwurzel, gerieben
½ TL Kurkuma (Gelbwurz)
1 TL Salz
3 Zweige frischer Thymian, klein gehackt
2 Zweige frischer Rosmarin, klein gehackt
100–200 ml Sahne (falls nötig)

Kartoffeln und Pastinaken mit etwas Wasser in einen Topf geben und weich kochen. Anschließend die äußere Haut von Kartoffeln und Pastinaken abziehen und die Knollen zu feinem Brei zerstampfen. Wenn nötig, Milch oder Sahne dazugeben, bis die von Ihnen gewünschte Konsistenz erreicht ist.

Ghee oder Öl in einer Pfanne leicht erhitzen, Ingwer, Kurkuma und die Kräuter darin 1 Minute anrösten (siehe Seite 20 f.) und mit dem Salz unter den Pastinaken-Kartoffel-Brei rühren.

Tipp: Um den Brei noch cremiger zu machen, nach dem Anrösten der Gewürze je nach gewünschter Konsistenz 100 bis 200 Milliliter Sahne (Seite 25) in die Pfanne geben, kurz aufkochen lassen und die Mischung unter den Pastinaken-Kartoffel-Brei rühren.

Gut bekömmlich für Vata und Pitta. Kapha genießt den Pastinaken-Kartoffel-Brei in kleineren Portionen.

Paprika-Birnen-Ragout

250 g Paprika
150 g Birnen
½ TL Koriandersamen
½ TL Fenchelsamen
1 Peperoncini
1½ EL Bratöl *oder* Ghee
¼ TL Kreuzkümmelsamen
¾ TL Salz
150 ml Wasser
1 Zweig frischer Rosmarin, klein gehackt
1 Zweig frischer Thymian, klein gehackt

Die Paprikaschoten mit einem Sparschäler schälen, halbieren, entkernen und die weißen Innenhäute entfernen. Birnen schälen, halbieren und entkernen. Paprika und Birnen grob in Stücke schneiden.

Koriander- und Fenchelsamen im Mörser leicht zerstoßen. Peperoncini längs halbieren.

Fett oder Öl in einer Pfanne erhitzen, Kreuzkümmel darin etwas anrösten, Koriander- und Fenchelsamen hinzufügen und 5 Sekunden mit anrösten (siehe Seite 20 f.). Peperoncini dazugeben und 10 Sekunden anrösten.

Die Paprikastücke dazugeben und zugedeckt bei mittlerer Hitze 5 Minuten braten. Birnenstücke, Wasser, Salz, Rosmarin und Thymian hinzufügen und weiterkochen, bis die Paprikastücke weich sind. (Das Gericht sollte nicht zu wässrig, aber dennoch saftig sein. Nach Bedarf etwas kochendes Wasser dazugeben.)

Gut bekömmlich für Vata und Kapha. Pitta genießt das Ragout in kleinen Portionen.

Sellerieschnitzel

in Tamarinden-Dattel-Sauce mit Okraschoten

Sellerieschnitzel

1 kleiner Knollensellerie
100 g feines, ungeröstetes Kichererbsenmehl
½ TL Salz
1 EL Zitronensaft
100 ml Wasser
etwas Paniermehl (Menge nach Bedarf)
etwas Kokosfett, Bratöl *oder* Ghee

Die Sellerieknolle schälen, halbieren und quer in 4 Millimeter dünne Scheiben schneiden.

Kichererbsenmehl, Salz, Zitronensaft und Wasser in einer Schüssel zu einem dickflüssigen Teig verrühren. Je nach Bedarf etwas mehr Wasser dazugeben.

Paniermehl in einen tiefen Teller geben.

Fett oder Öl in die Pfanne geben. Sellerieschnitzel in dem Teig wenden, sofort im Paniermehl wälzen, in die Pfanne legen und von beiden Seiten bei mittlerer Hitze anbräunen.

Gut bekömmlich für Kapha und Vata. Pitta genießt die Sellerieschnitzel in kleinen Portionen.

Tamarinden-Dattel-Sauce

5 Datteln
1 EL Bratöl
1 getrocknete rote Chilischote
1 Handvoll frische Curryblätter
200 ml Wasser
1 TL Tamarindenpaste (Seite 26)
1 Prise Salz
1 EL frische Ingwerwurzel, gerieben
2½ EL Rohrzucker *oder* Jaggery
1 TL Maisstärke
etwas Wasser zum Anrühren der Stärke (Menge nach Bedarf)

Die Datteln entsteinen und in kleine Würfel schneiden.

Bratöl in einer Pfanne leicht erhitzen, Chili und Curryblätter darin 20 Sekunden anrösten. Wasser, Tamarindenpaste, Datteln, Salz, Ingwer und Rohrzucker oder Jaggery dazugeben und zugedeckt bei niedriger Hitze 10 Minuten köcheln lassen.

Maisstärke in wenig Wasser anrühren und unter kräftigem Rühren hinzufügen, kurz aufkochen lassen und vom Herd nehmen.

Tipp: Die Sauce sollte nicht zu sauer werden. Die Menge der Tamarindenpaste ihrer Qualität und dem Geschmack der Sauce entsprechend verändern.

Gut bekömmlich für Kapha und Vata. Pitta genießt die Sauce in kleinen Mengen.

Gebratene Okraschoten

500 g Okraschoten
2 EL Ghee *oder* Kokosfett
¾ TL Salz
½ TL Kurkuma (Gelbwurz)
1½ TL gemahlener Koriander

Von den Okraschoten die Stiele entfernen und die Schoten in 3 Zentimeter lange Stücke schneiden.

Ghee oder Kokosfett in einer Pfanne erhitzen. Okraschoten mit dem Salz in die Pfanne geben und unter regelmäßigem Wenden bei mittlerer Hitze zugedeckt anbraten. Nach 5 Minuten Kurkuma und Koriander hinzufügen und das Gemüse garen lassen, bis es weich ist.

Gut bekömmlich für Pitta und Vata. Kapha gibt etwas Cayennepfeffer dazu.

Fruchtiger Couscous

mit Auberginenfilets in Zitronencremesauce

Fruchtiger Couscous

½ grüne Chilischote *oder* Peperoncini
ein paar Orangenfilets (gehäutet und zerkleinert; Menge nach Bedarf)
1 Handvoll frische Petersilie
1 Handvoll frische Pfefferminzblätter
200 g Couscous
200 ml kochendes Wasser
ca. 2 EL Olivenöl
½ EL Zitronensaft
¾ TL Salz

Chilischote oder Peperoncini sowie Petersilie und Pfefferminze fein hacken und ggf. entkernen.

Couscous mit kochendem Wasser und ½ Esslöffel Olivenöl in einer Schüssel unter ständigem Rühren vermischen. Sobald das Wasser vollständig aufgesogen ist, alle anderen Zutaten untermischen und den Couscous servieren.

Tipp: Zusätzlich können Sie ein paar Paprikastreifen und nach Belieben Tofu- oder Seitanstücke wie im Rezept „Gegrillte Zucchini" (Seite 73) anbraten und als leckere Beilage servieren.

Gut bekömmlich für Vata und Pitta. Kapha genießt den Couscous in kleinen Portionen.

Auberginenfilets

1 Aubergine
etwas Ghee, Brat- *oder* Olivenöl
etwas Salz

Von der Aubergine den Stängelansatz abschneiden. Dann die Aubergine in 5 bis 10 Millimeter dicke Scheiben schneiden.

Öl oder Fett in einer Pfanne erhitzen. (Es sollte so viel Fett sein, dass das Gemüse gut darin brät, aber nicht darin schwimmt.) Auberginenscheiben mit etwas Salz bei mittlerer Hitze von beiden Seiten goldbraun braten, auf einen Teller legen und warm halten. (Am besten erst kurz vor dem Essen zubereiten.)

Gut bekömmlich für Vata und Pitta. Kapha genießt die Auberginenfilets in kleinen Portionen. Der Vata-Typ verträgt etwas mehr, Pitta- und Kapha-Konstitutionen weniger Salz.

Zitronencremesauce

1 EL Bratöl
¼ TL Kreuzkümmelsamen
1 EL frischer Ingwer, fein gehackt
2 TL geraspelte Zitronenschale (von einer Bio-Zitrone!) *oder* 2 Zitronenblätter
200 ml Wasser
120 ml Cashewsahne (Seite 25) *oder* 60 ml Cashewsahne und 60 ml Kokosmilch
½ TL Salz
1 EL Zitronensaft

Bratöl in einer Pfanne erhitzen und die Kreuzkümmelsamen darin leicht anrösten (siehe Seite 20 f.). Die Zitronenschale oder -blätter dazugeben, 3 Sekunden mit anrösten und dann Wasser, Cashewsahne, Ingwer und Salz hinzufügen.

Die Sauce unter regelmäßigem Rühren bei niedriger Hitze 5 Minuten köcheln lassen, vom Herd nehmen und den Zitronensaft unterrühren. Die Zitronenblätter vor dem Servieren entfernen.

Die Sauce schmeckt auch sehr lecker, wenn man 100 Milliliter Kokosmilch, die Cashewsahne und nur 150 Milliliter Wasser verwendet.

Gut bekömmlich für Vata und Pitta. Kapha gibt Cayenne- oder schwarzen Pfeffer in die Sauce.

Nudeln an Paprika-Birnen-Sauce

zu Avocados mit Zitrusdressing

Nudeln an Paprika-Birnen-Sauce

350 g Nudeln (ohne Ei)
Salzwasser für die Nudeln (Menge nach Bedarf)

Für die Paprika-Birnen-Sauce:
350 g roter Paprika
1 Tomate
1 Birne
1½ TL Salz
100 ml Wasser
200 g Zucchini
200 g Möhren
1 Peperoncini
2½ EL Olivenöl
1 TL gemahlener Koriander
15 schwarze Pfefferkörner, gemahlen

Für die Sauce die Paprikaschote vierteln, entkernen und die weißen Innenhäute entfernen. Paprikaviertel sowie die Tomate in einem Topf mit kochendem Wasser übergießen. Kurz ziehen lassen, dann unter eiskaltem Wasser abschrecken und beide mit einem kleinen Messer häuten. Die Tomate in kleine Stücke schneiden.

Die Birne halbieren, entkernen und in kleine Stücke schneiden. Birnenstücke mit Paprikavierteln, ¾ Teelöffel Salz und Wasser in einen Topf geben, zugedeckt 10 Minuten köcheln lassen, vom Herd nehmen und pürieren.

Dann die Nudeln in dem Salzwasser kochen, bis sie weich sind. In ein Sieb abgießen und abtropfen lassen.

In der Zwischenzeit von der Zucchini die Enden abschneiden. Möhren schälen. Zucchini und Möhren in kleine Stifte schneiden. Peperoncini in kleine Stücke schneiden.

Olivenöl in einer Pfanne leicht erhitzen und Peperoncini darin 1 Minute anschwitzen. Zucchini- und Möhrenstifte, ¾ Teelöffel Salz sowie Koriander dazugeben und zugedeckt unter regelmäßigem Wenden bei mittlerer Hitze bissfest garen.

Die Tomatenstücke dazugeben und weitere 3 Minuten garen lassen. Dann das Paprika-Birnen-Püree einrühren und 5 Minuten köcheln lassen. Die Sauce sollte leicht dickflüssig sein (ggf. noch stärker einkochen lassen).

Die Sauce vom Herd nehmen, den schwarzen Pfeffer untermischen und mit den Nudeln servieren.

Gut bekömmlich für Kapha und Vata. Kapha kann Buchweizennudeln verwenden. Pitta genießt dieses Gericht in kleinen Portionen.

Avocados mit Zitrusdressing

2 Avocados
4 EL Olivenöl
4 EL Orangen- *oder* Apfelsaft
2 TL Zitronensaft
4 EL Sonnenblumenkerne
⅔ TL Salz
1 TL Rohrzucker

Die Avocados halbieren, entkernen und das Fruchtfleisch vorsichtig jeweils als Ganzes mit einem Löffel aus der Schale heben.

Die restlichen Zutaten im Mixer pürieren.

Das Fruchtfleisch der Avocadohälften mit dem Dressing übergießen und servieren.

Tipps: Nach Belieben frisch gehackte Kräuter unter das Dressing mischen. Die Sonnenblumenkerne können in einer Pfanne trocken leicht braun angeröstet werden, bevor man sie püriert.

Gut bekömmlich für Pitta und Vata. Nicht empfehlenswert für Kapha.

Biryani-Reis

mit gefüllten Zucchinirollen zu Kürbis-Gurken-Gemüse an süßsauren Cherrytomaten

Biryani-Reis mit gefüllten Zucchinirollen zu Kürbis-Gurken-Gemüse an süßsauren Cherrytomaten

Mit würzigen Linsen gefüllte Zucchinirollen

1 Zucchini
etwas Olivenöl
1 Prise Asafoetida
italienische Kräuter (wenn gewünscht)

Für die Füllung:
60 g Belugalinsen
600 ml Wasser
¾ EL flüssiges Kokosfett, Bratöl *oder* Ghee
1 Msp. Asafoetida
½ EL frische Ingwerwurzel, in feine Stäbchen geschnitten
¼ TL Kurkuma (Gelbwurz)
½ TL Tamarindenpaste (Seite 26)
2 TL Rohrzucker

Für die Füllung Belugalinsen mit 500 Millilitern Wasser in einen Topf geben, weich kochen (sie sollten noch nicht zerfallen) und in einem Sieb abgießen.

Fett oder Öl in einer Pfanne leicht erhitzen, Asafoetida darin 5 Sekunden und dann den Ingwer 15 Sekunden anrösten (siehe Seite 20 f.). Anschließend 100 Milliliter Wasser, Kurkuma, Tamarindenpaste und Zucker dazugeben und einkochen lassen, bis das Ganze dickflüssig ist.

Die Linsen untermischen und unter regelmäßigem Rühren weiterkochen, bis eine dickflüssige Masse entsteht.

Von der Zucchini die Enden entfernen und die Zucchini in 2 Millimeter dünne Scheiben schneiden. Jeweils 1 bis 2 Esslöffel Olivenöl in einer Pfanne erhitzen. So viele Zucchinischeiben wie möglich mit Asafoetida und den getrockneten Kräutern (falls gewünscht) knapp 1 Minute kurz darin anbraten. Die Zucchinischeiben sollten noch bissfest sein und nicht oder nur ganz leicht anbräunen.

Die Linsenmasse zu kurzen Rollen formen, in jeweils 1 Zucchinischeibe einwickeln und auf ein Backblech legen. Zucchinirollen direkt servieren oder vor dem Servieren im Backofen bei 170 °C etwa 5 Minuten aufwärmen.

Sehr bekömmlich für Vata. Pitta und Kapha genießen die Zucchinirollen in kleinen Portionen.

Biryani-Reis

240 g Basmatireis
480 ml heißes Wasser
1 TL Salz
150 g grüne Bohnen
150 g Möhren
150 g Blumenkohl
150 g Tofu *oder* Seitan (wenn gewünscht)
3–5 EL Bratöl *oder* Ghee
1 Handvoll Cashewkerne *und* Rosinen
2 TL gemahlener Koriander
2/3 TL gemahlener schwarzer Pfeffer
4 Msp. Cayennepfeffer
1 TL gemahlene Muskatnuss
Samen von 9 Kardamomkapseln
1½–2 TL Salz

Den Reis wie im Rezept „Basmatireis" (Seite 113), jedoch ohne Öl oder Fett und mit 1 Teelöffel Salz kochen.

Von den Bohnen die Stiele abschneiden. Die Möhren schälen und den Blumenkohl in Röschen teilen. Gemüse und nach Belieben, Tofu oder Seitan in kleine Würfel schneiden und frittieren (siehe Seite 20) oder mit etwas Öl oder Fett bestrichen weich backen (siehe Seite 20).

Wenig Öl oder Fett in einer kleinen Pfanne erhitzen und Cashewkerne sowie Rosinen darin goldbraun anbraten.

Das restliche Bratöl oder Ghee in einer hohen Pfanne oder einem Wok leicht erhitzen und alle Gewürze 20 Sekunden darin anrösten (siehe Seite 20 f.). Alle anderen Zutaten dazugeben, mit einem Holzlöffel vorsichtig untermischen und sofort servieren.

Gut bekömmlich für alle Doshas. Pitta und Kapha verwenden nur 3 Esslöffel Öl.

Kürbis-Gurken-Gemüse an süßsauren Cherrytomaten

300 g Salatgurke
300 g Kürbis
200 g Cherrytomaten
1–2 EL Bratöl
7 Kardamomkapseln
5 Nelken
½ Zimtstange
1 EL frischer Ingwer, in feine Stäbchen geschnitten
¾ TL Salz
2 EL Rohrzucker

Salatgurke und Kürbis schälen und würfeln. Die Tomaten halbieren.

Bratöl in einer hohen Pfanne erhitzen, Kardamomkapseln, Nelken und Zimtstange darin leicht anrösten (siehe Seite 20 f.). Ingwerstücke 10 Sekunden mit anrösten, dann Gurken- sowie Kürbiswürfel und Salz dazugeben. Das Gemüse unter regelmäßigem Wenden zugedeckt dünsten, bis es fast weich ist.

Tomatenhälften und Zucker hinzufügen, zugedeckt 3 Minuten garen lassen, dabei gelegentlich vorsichtig wenden. Vom Herd nehmen. Die Tomaten sollten weich werden, aber nicht vollständig zerfallen. Mit Reis und Zucchinirollen servieren.

Tipp: Sauce erhalten Sie, wenn Sie 100 Milliliter kochendes Wasser zu dem Gemüse geben.

Gut bekömmlich für Pitta und Vata. Nicht empfehlenswert für Kapha.

Kichererbsen-Reis-Würfel

mit Mangodip zu mediterranem Gemüse

Kichererbsen-Reis-Würfel mit Mangodip zu mediterranem Gemüse

Kichererbsen-Reis-Würfel

50 g Basmatireis
100 ml Wasser
½ TL Salz
½ TL Ghee, Kokosfett *oder* Bratöl
1 grüne Chilischote
150 g feines, ungeröstetes Kichererbsenmehl
½ TL Bockshornkleesamen
2 EL frische Ingwerwurzel, gerieben oder klein gehackt
½ TL Kurkuma (Gelbwurz)
¾ TL Salz
¼ TL Asafoetida
600 ml Wasser
Olivenöl oder Ghee zum Anbraten (Menge nach Bedarf)

Reis wie im Rezept „Basmatireis" (siehe Seite 113) mit Wasser, Salz und Fett oder Öl zubereiten.

Die Chilischote entkernen und fein hacken. Kichererbsenmehl, Bockshornkleesamen, Ingwer, Kurkuma, Salz, Chili, Asafoetida und Wasser in einem Topf mit einem Schneebesen gründlich vermischen. Achten Sie darauf, dass dabei keine Klümpchen entstehen! Das Ganze unter ständigem Rühren zum Kochen bringen. Den gekochten Reis dazugeben und bei niedriger Hitze einkochen lassen, bis eine dicke, zähflüssige Masse entsteht. Vorsicht, sie sollte nicht anbrennen!

Die Kichererbsen-Reis-Masse dick und gleichmäßig auf ein sauberes Schneidbrett streichen, abkühlen lassen und in Würfel schneiden.

Öl oder Ghee in einer Pfanne erhitzen und die Kichererbsen-Reis-Würfel von beiden Seiten darin anbräunen.

Gut bekömmlich für Pitta und Vata. Kapha genießt die Kichererbsen-Reis-Würfel in kleinen Portionen.

Mangodip

1½ EL Bratöl
5 Kardamomkapseln, mit der flachen Seite des Messers leicht zerdrückt
½ Zimtstange
1½ EL frischer Ingwer, klein gehackt
250 g Mangomus
2 EL Rohrzucker
¼ TL Cayennepfeffer

Bratöl in einer Pfanne leicht erhitzen. Kardamom und Zimt darin 20 Sekunden anrösten (siehe Seite 20 f.). Ingwer 10 Sekunden mit anrösten und anschließend Mangomus, Zucker und Cayennepfeffer dazugeben und zugedeckt bei niedriger Hitze 10 Minuten köcheln lassen. Vom Herd nehmen und abkühlen lassen.

Tipp: Der Dip sollte leicht dickflüssig sein. Bei Bedarf etwas kochend heißes Wasser dazugeben.

Gut bekömmlich für Pitta und Vata. Kapha genießt den Dip in kleinen Mengen.

Mediterranes Gemüse

300 g Brokkoli
200 g Auberginen
230 g Tomaten
1 EL Bratöl
1 TL schwarze Senfkörner
150 ml Wasser
4 Msp. Cayennepfeffer
1½ TL Salz
1½ TL Rohrzucker
1½ TL getrocknete Kräuter der Provence
2 EL Olivenöl

Brokkoli in kleine Röschen teilen. Von der Aubergine den Stängelansatz abschneiden. Gemüse in kleine Stücke schneiden, mit Olivenöl bestreichen und im Backofen bei 200 °C weich backen (siehe Seite 20).

Die Tomaten häuten (siehe Seite 21) und pürieren. Bratöl in einem Topf erhitzen und Senfkörner darin anrösten, bis die meisten aufgesprungen sind. Vorsicht, das Öl sollte nicht zu heiß werden (siehe Seite 20 f.)! Sofort das Tomatenpüree und das Wasser dazugeben und zugedeckt bei niedriger Hitze 30 Minuten köcheln lassen, bis eine dickflüssige Sauce entsteht. Dafür bei Bedarf etwas länger einkochen oder etwas kochendes Wasser hinzufügen.

Anschließend Cayennepfeffer, Salz, Zucker und Kräuter der Provence dazugeben und 3 Minuten weiterköcheln lassen. Das gebackene Gemüse sowie das Olivenöl unterheben, kurz aufkochen lassen und vom Herd nehmen.

Tipp: Sie können zusätzlich zu dem in der Zutatenliste angegebenen Gemüse noch 100 bis 200 Gramm Möhren und 100 Gramm Brokkoli verwenden.

Gut bekömmlich für alle drei Doshas. Kapha nimmt Brokkoli und Möhren.

Grießschnitten
mit Kampfer an Zwetschgensauce

Für die Grießschnitten:
50 g Hartweizengrieß
100 ml Wasser
50 ml Kokosmilch (Seite 26)
3 EL Rohrzucker
1 EL Rosenwasser
1 kleine Prise Kampferpulver (essbarer Kampfer aus der Apotheke; wenn gewünscht)

Für die Zwetschgensauce:
300 g Zwetschgen
100 ml Wasser
1 Sternanis
3 EL Rohrzucker

Für die Grießschnitten Hartweizengrieß mit Wasser, Kokosmilch sowie Zucker in einen Topf geben und unter ständigem Rühren einkochen, bis er eindickt. Rosenwasser und Kampfer gut unterrühren, die Masse auf einen Teller streichen, erkalten lassen und in Würfel schneiden.

Für die Zwetschgensauce Zwetschgen entsteinen, mit Wasser, Sternanis und Zucker in einen Topf geben und einkochen lassen, bis eine dickflüssige Sauce entsteht.

Die Grießschnitten mit der Zwetschgensauce auf Desserttellern anrichten und mit warmer Sauce servieren.

Sehr bekömmlich für Vata und Pitta. Nicht empfehlenswert für Kapha.

Mango-Reis-Kugeln
an Minzsauce

Für die Minzsauce:
1 Handvoll Pfefferminzblätter, frisch gehackt
2 TL Mais- *oder* Tapiokastärke
200 ml Wasser
2 EL heller Zucker, z. B. Sharkara
1 EL Zitronensaft

Für die Reiskugeln:
100 g Milchreis
500 ml Wasser
200 g Mangomus
1 TL Vanillezucker
1 EL heller Zucker, z. B. Sharkara
ein paar Pfefferminzblätter zum Garnieren

Für die Minzsauce Pfefferminzblätter klein schneiden. Die Stärke in wenig Wasser anrühren.

Dann 200 Milliliter Wasser mit Zucker und den klein gehackten Minzblättern in einen Topf geben und 1 Minute köcheln lassen. Die Stärke unter ständigem Rühren dazugeben, kurz aufkochen lassen und vom Herd nehmen. Zum Schluss den Zitronensaft unterrühren.

Für die Reiskugeln Reis in einem Sieb gründlich abspülen und mit dem Wasser in einem Topf köcheln lassen, bis er weich ist. Den Reis in ein Sieb abgießen und gründlich abtropfen lassen. Mangomus mit Vanillezucker sowie Zucker in einem zweiten Topf einkochen, bis es eindickt. Den Reis gut untermischen und auf Zimmertemperatur abkühlen lassen.

Aus der Mango-Reis-Masse mit einem Löffel Kugeln formen und die Mango-Reis-Kugeln mit der Minzsauce auf Desserttellern anrichten. Mit einem Pfefferminzblatt garniert servieren.

Gut bekömmlich für Pitta und Vata. Nicht empfehlenswert für Kapha. Vata und Pitta verwenden für die Reiskugeln 350 Milliliter Wasser und 200 Milliliter Sahne.

Apfelringe im Teigmantel
mit Ananassauce

Für die Apfelringe:
300 g Äpfel
75 g Weißmehl
50 g Rohrzucker
½ Prise Salz
50 ml Wasser
75 ml Sahne *oder* vegane Sahne (Seite 25)
1 Prise Natron *oder* Backpulver
2 TL Vanillezucker
etwas Kokosfett, Bratöl *oder* Ghee

Für die Ananassauce:
30 g frische Ingwerwurzel
1 TL Mais- *oder* Tapiokastärke
50 ml Wasser
300 ml Ananassaft

Für die Apfelringe Äpfel schälen und mit einem Apfelausstecher die Kerngehäuse herausstechen. Dann die Äpfel quer in 5 Millimeter dicke Ringe schneiden.

Mehl, Zucker, Salz, Wasser, Sahne, Natron und Vanillezucker in einer Schüssel gut vermischen, sodass ein dickflüssiger Teig entsteht.

Eine beschichtete Pfanne bei niedriger bis mittlerer Hitze erhitzen und eine kleine Menge Fett oder Öl hineingeben. Jeweils so viele Apfelringe in dem Teig wenden und vorsichtig in die Pfanne legen, dass zwischen ihnen genügend Freiraum bleibt. Sobald die Apfelringe von unten leicht angebräunt sind, vorsichtig wenden. Apfelringe von beiden Seiten leicht goldbraun braten, aus der Pfanne nehmen und auf einen Teller legen. Fortfahren, bis alle Apfelringe gebraten sind, und dafür, falls nötig, etwas Fett oder Öl in die Pfanne geben.

Für die Ananassauce den Ingwer schälen und in feine Scheiben schneiden. Die Stärke in wenig Wasser anrühren. Ananassaft mit dem Ingwer in einen Topf geben und unter kräftigem Rühren bei niedriger Hitze 5 Minuten köcheln lassen. Die Stärke unterrühren, kurz aufkochen lassen und vom Herd nehmen.

Die Apfelringe mit der Ananassauce dekorativ auf Tellern anrichten und warm servieren.

Sehr bekömmlich für Vata. Pitta und Kapha genießen die Apfelringe in kleinen Portionen.

Gefüllte Äpfel
an Trauben-Ingwer-Sauce

Für die Äpfel:
100 g gemahlene Mandeln
200 ml Wasser
2–3 TL Vanillezucker
1 EL Rohrzucker
2 Äpfel

Für die Trauben-Ingwer-Sauce:
300 g Weintrauben
150 ml Wasser
3 EL Rohrzucker
½ EL Ingwer, frisch gerieben oder klein gehackt

Für die gefüllten Äpfel gemahlene Mandeln mit Wasser fein pürieren und in einen Topf geben. Vanille- und Rohrzucker dazugeben und einkochen lassen, bis eine zähflüssige Masse entsteht.

Die Äpfel quer halbieren, die Mitte mit einem Löffel vorsichtig aushöhlen und mit der Mandelmasse füllen. Gefüllte Äpfel im Backofen bei 200 °C backen, bis die Äpfel leicht anbräunen.

Für die Sauce Weintrauben klein schneiden, entkernen und mit Wasser, Zucker und Ingwer in einen Topf geben. Die Weintrauben bei niedriger Hitze zu einer leicht dickflüssigen Sauce einkochen lassen.

Gefüllte Äpfel auf flache Teller setzen, mit der Sauce umgießen und warm servieren.

Sehr bekömmlich für alle Doshas. Pitta und Kapha genießen die gefüllten Äpfel in kleineren Portionen. Vata und Pitta geben 1 Teelöffel Ghee auf die gebackenen Äpfel.

Winter

Im Winter stärkt die Kälte unser inneres Agni und erhöht zudem unser Vata. Wer gesund ist, hat in dieser Zeit einen guten Stoffwechsel, eine starke Verdauung und verfügt über viel Kraft und Kreativität.

Um das erhöhte Vata sowie Pitta zu beruhigen, sollten Sie in der kalten Jahreszeit eher süße, saure und salzige Gerichte verzehren. Bittere und herbe Speisen wie Salate und Rohkost sowie zu scharfe und trockene Speisen sollten jedoch nur in kleineren Mengen verzehrt werden.

Wenn Sie zu leicht oder zu wenig essen, baut sich durch das starke Verdauungsfeuer Kapha ab und Ihr Vata wird unruhig. Im Winter dürfen Sie Ihren Gaumen mit warmen und reichhaltigen Speisen erfreuen und es sich mit meinen Rezepten für Genießer so richtig gut gehen lassen.

Kürbis-Kokoscreme-Suppe

500 g Kürbis
etwas Kokosfett, Bratöl *oder* Ghee
1½ TL Currypulver (Seite 24)
1½ TL Salz
500 ml Wasser
150 ml Kokosmilch (Seite 26)

Den Kürbis schälen und würfeln. Fett oder Öl in einem Topf erhitzen, Kürbiswürfel mit Currypulver sowie Salz hineingeben und unter regelmäßigem Wenden 7 Minuten darin braten. Mit dem Wasser aufgießen und kochen, bis der Kürbis weich ist.

Die Kokosmilch dazugeben, 1 Minute mitkochen, vom Herd nehmen und die Suppe pürieren.

Tipp: Sehr fein schmeckt diese Suppe auch, wenn Sie sie mit 150 Gramm Karotten, 150 Gramm Knollensellerie und 200 Gramm Kürbis zubereiten.

Gut bekömmlich für Pitta und Vata. Kapha nimmt die Gemüsemischung und gibt zum Schluss 10 gemahlene Schwarzpfefferkörner dazu.

Nudeln
an exotischem Gemüse

350 g Nudeln (ohne Ei)
Salzwasser für die Nudeln (Menge nach Bedarf)

Für das exotische Gemüse:
500 g Gemüse Ihrer Wahl (Karotten, Paprika, Zucchini ...)
3 EL Maiskeimöl
1–2 Peperoncini
1 EL frischer Ingwer, geschält und fein gehackt
⅓ TL Asafoetida
8 schwarze Pfefferkörner
1 TL Salz
100 ml Wasser
400 ml Kokosmilch

Die Nudeln in Salzwasser bissfest kochen. In ein Sieb abgießen und abtropfen lassen.

Für das exotische Gemüse das Gemüse putzen, ggf. schälen und würfeln. Peperoncini entkernen, in schmale Streifen schneiden und Pfefferkörner im Mörser zerkleinern.

Das Öl in einem Topf leicht erhitzen und darin Peperoncini, Ingwer, Asafoetida und Pfeffer 1 Minute anschwitzen. Gemüse dazugeben und anbraten, das Salz drüberstreuen. Das Gemüse nach 5 Minuten mit Wasser und Kokosmilch ablöschen und köcheln lassen, bis es al dente ist.

Die Nudeln mit dem exotischen Gemüse servieren.

Tipp: Eine frische zitronige Note verleihen Sie dem Gemüse, wenn Sie 3 Zitronenblätter oder 2 Teelöffel frisch geraspelte Zitronenschale mit kochen und zum Schluss einige Spritzer frischen Zitronensaft dazugeben.

Gut bekömmlich für alle drei Doshas. Anstatt Kokosmilch können Pitta- und Kapha-Typen auch Sahne verwenden. Dann jedoch ohne Zitronensaft und -blätter zubereiten. Kapha verwendet mehr Pfeffer und genießt das Gericht nur in kleinen Portionen.

Rote-Bete-Türmchen
an Kräuteröl mit knusprigem Rosenkohl

Rote-Bete-Türmchen an Kräuteröl

2 kleine Lorbeerblätter
100 g Sonnenblumenkerne
100 ml Wasser
1½ EL frische Ingwerwurzel, gerieben
2 TL Rohrzucker
1¾ TL Salz
1½ EL Zitronensaft
5 EL Olivenöl
1½ EL frische Dillspitzen, gehackt
2 mittelgroße Rote Bete
150 g mehlig kochende Kartoffeln
Kochwasser für Rote Bete und Kartoffeln
50 ml Sahne *oder* vegane Sahne (Seite 25)
10 schwarze Pfefferkörner, grob gemahlen

Die Lorbeerblätter mit der Hand oder im Mörser etwas zerdrücken. Sonnenblumenkerne in einer Pfanne trocken leicht braun anrösten. Mit Wasser, Ingwer, Lorbeerblättern, Zucker und 1 Teelöffel Salz in einer hohen Rührschüssel pürieren. Dabei sollte eine dicke, feine Masse entstehen.

Für das Kräuteröl ¼ Teelöffel Salz in Zitronensaft auflösen und mit Olivenöl sowie den Dillspitzen gründlich vermischen.

Für die Rote-Bete-Türmchen Rote Bete und Kartoffeln mit etwas Wasser jeweils in einen Topf geben und separat weich kochen. Die Kartoffeln abziehen und zu feinem Brei zerstampfen. Die Sahne in einem Topf aufkochen lassen und mit schwarzem Pfeffer sowie ½ Teelöffel Salz unter den Kartoffelbrei mischen.

Rote Bete schälen und in etwa 5 Millimeter dicke Scheiben schneiden. Jeweils 3 Scheiben übereinanderlegen, 3 Millimeter dick mit der Sonnenblumenkernmasse bestreichen und etwas Kartoffelbrei dekorativ daraufsetzen.

Rote-Bete-Türmchen hübsch auf Tellern anrichten, mit Kräuteröl beträufeln und sofort servieren.

Sehr bekömmlich für Vata und Kapha. Pitta genießt die Türmchen in kleinen Portionen.

Knuspriger Rosenkohl

300 g Rosenkohl
etwas Wasser zum Dünsten (Menge nach Bedarf)
1¾ TL Salz
1 EL Meerrettich, geraspelt
50 g feines, ungeröstetes Kichererbsenmehl
30 ml Apfelsaft
Ghee, Brat- *oder* Olivenöl zum Anbraten (Menge nach Bedarf)

Von dem Rosenkohl die schlechten Blätter abziehen und den Strunk jeweils kreuzförmig einschneiden. Rosenkohl mit etwas Wasser und 1 Teelöffel Salz in einem Topf weich kochen, abkühlen lassen und halbieren.

Rosenkohl mit Meerrettich, Kichererbsenmehl, Apfelsaft und dem restlichen Salz in einer Schüssel gründlich vermischen.

Fett oder Öl in einer Pfanne erhitzen. Die Rosenkohlhälften unter regelmäßigem Wenden bei mittlerer Hitze darin anbraten, bis sie rundum anbräunen.

Gut bekömmlich für alle drei Doshas.

Paneer-Reis

im Kohlblatt zu Fenchel an pikanter Mangosauce

Paneer-Reis im Kohlblatt zu Fenchel an pikanter Mangosauce

Paneer-Reis im Kohlblatt

Für die Füllung:
160 g Basmatireis
300 ml Wasser
1 TL Salz
1 Tomate
½ grüne Chilischote, entkernt
150 g Weißkohl
100 g Paneer (Seite 28)
2 EL Bratöl *oder* Ghee
7 Bockshornkleesamen
2 Prisen TL Asafoetida
¼ TL Salz
11/4 TL gemahlener Koriander
2/3 TL gemahlener weißer Pfeffer
2 TL Rohrzucker
2 EL Sojasauce
100 g Maiskörner, gekocht
3 EL Kichererbsen- *oder* Weißmehl
2 EL Sahne

Für die Kohlwickel:
1 mittelgroßer Weißkohl
1 l Wasser
4 EL Brat- *oder* Olivenöl
4 EL Sojasauce
50–100 ml Wasser
15 schwarze Pfefferkörner
etwas Salz zum Bestreuen (Menge nach Bedarf)
8 Zahnstocher

Für die Kohlwickel 1 Liter Wasser in einem großen Topf zum Kochen bringen, den Kohl hineingeben, sodass er vollständig mit Wasser bedeckt ist und etwa 3 Minuten blanchieren. Anschließend kalt abspülen und 9 große Weißkohlblätter (bei 1 bis 1½ Wickel pro Person) vorsichtig vom Strunk lösen und von der harten Rippe befreien.

Für die Füllung Reis wie im Rezept „Basmatireis" (Seite 113) zubereiten.

150 Gramm des restlichen Kohls in feine Streifen schneiden.

Die Tomaten häuten (siehe Seite 21) und in kleine Stücke schneiden. Chilischote fein hacken. Paneer in schmale Streifen schneiden.

Bratöl oder Ghee in einer Pfanne erhitzen, Bockshornkleesamen darin goldbraun anrösten (siehe Seite 20 f.), Chili und Asafoetida 30 Sekunden mit anrösten und Kohl dazugeben. Diesen anbraten, bis er leicht bräunt und al dente ist. Nun Tomatenstücke, Paneerstreifen, Salz, Koriander sowie den weißen Pfeffer dazugeben und schmoren lassen, bis die Tomaten zerfallen sind. Zucker, Sojasauce sowie Maiskörner ebenfalls in die Pfanne geben, das Ganze nach 1 Minute vom Herd nehmen und vorsichtig Reis, Mehl und Sahne untermischen.

In jedes Kohlblatt einen Schöpflöffel Reis geben, Kohlblatt zusammenwickeln und jeweils mit einem Zahnstocher feststecken.

Anschließend Brat- oder Olivenöl, Sojasauce, Wasser und schwarzen Pfeffer in einer hohen Pfanne erhitzen und die Kohlwickel zugedeckt bei niedriger Hitze auf beiden Seiten mindestens 10 Minuten schmoren, bis der Kohl weich ist. Dabei etwas Salz über die Kohlwickel streuen. Die Wickel sollten leicht anbräunen. Falls es beim Schmoren zu sehr austrocknen, ein wenig Wasser dazugeben.

Tipp: Die Füllung schmeckt auch mit Tofu statt Paneer ganz vorzüglich.

Gut bekömmlich für Pitta und Kapha. Vata genießt dieses Gericht in kleinen Portionen.

Fenchel an pikanter Mangosauce

250 g Fenchel
¼ TL Fenchelsamen
¼ TL Koriandersamen
1½ EL Bratöl *oder* Kokosfett
½ TL schwarze Senfkörner
1 Sternanis
3 Nelken
15 frische Curryblätter
100 ml Wasser
3 EL Mangomus
¼ TL Cayennepfeffer
½ TL Salz

Den Fenchel in kleine Stücke schneiden. Fenchel- und Koriandersamen im Mörser zerdrücken.

Fett oder Öl in einem Topf erhitzen und Senfkörner darin anrösten, bis die meisten aufgesprungen sind. Vorsicht, das Öl sollte nicht zu heiß werden (siehe Seite 20 f.)! Sofort Fenchel-, Koriandersamen, Sternanis und Nelken 3 Sekunden mit anrösten. Schnell die Curryblätter dazugeben und zugedeckt 5 Sekunden anrösten.

Sofort die Fenchelstücke mit Wasser, Mangomus, Cayennepfeffer und Salz in den Topf geben und zugedeckt bei niedriger bis mittlerer Hitze dünsten, bis der Fenchel weich ist. Zum Schluss sollte er schön saftig sein. Falls nötig, noch etwas kochendes Wasser dazugeben.

Gut bekömmlich für alle drei Doshas. Pitta lässt den Cayennepfeffer weg.

Gefüllte Paprika

mit Schwarzwurzeln an würziger Kokossauce und Apfel-Rote-Bete-Salat mit Pfefferminze

Gefüllte Paprika mit Schwarzwurzeln an würziger Kokossauce und Apfel-Rote-Bete-Salat mit Pfefferminze

Gefüllte Paprika

4 mittelgroße Paprikaschoten *oder* Spitzpaprika
1 Handvoll Oliven
450 g Kartoffeln
Salzwasser für die Kartoffeln (Menge nach Bedarf)
1½ EL Bratöl
1¼ TL schwarze Senfkörner
1–2 Msp. Asafoetida
3 EL Olivenöl
2–3 TL Zitronensaft
1¼ TL Salz
1 TL Rohrzucker
¼ TL Cayennepfeffer
100–200 g veganer Schmelzkäse (wenn gewünscht, Menge nach Bedarf)

Die Paprikaschoten waagerecht halbieren und vorsichtig entkernen. Spitzpaprika längs halbieren und jeweils entkernen. Oliven nach Bedarf entsteinen und in kleine Stücke schneiden.

Die Kartoffeln mit etwas Salzwasser in einem Topf bissfest bis weich kochen, die Haut abziehen und in kleine Würfel schneiden.

Bratöl in einer Pfanne erhitzen und die Senfkörner darin anrösten, bis die meisten aufgesprungen sind. Vorsicht, das Öl sollte nicht zu heiß werden (siehe Seite 20 f.)! Sofort Asafoetida und Kartoffeln sowie Oliven dazugeben.

Die Pfanne vom Herd nehmen, den Inhalt in eine Schüssel geben und gründlich mit Olivenöl, Zitronensaft, Salz, Zucker und Cayennepfeffer vermischen.

Die Paprikahälften mit der Kartoffelmasse füllen und im Backofen bei 200 °C backen (siehe Seite 20), bis sie weich und oben leicht angebräunt sind. Nach Belieben mit veganem Schmelzkäse bestreuen, 3 Minuten weiterbacken und servieren.

Tipp: Zusätzlich können Sie 2 Tomaten häuten (siehe Seite 21), klein würfeln und unter die Kartoffelfüllung mischen.

Gut bekömmlich für Vata und Pitta. Kapha genießt die gefüllte Paprika in kleinen Portionen.

Schwarzwurzeln an würziger Kokossauce

½ Zitrone
etwas kaltes Wasser *plus* Kochwasser für die Schwarzwurzeln (Menge nach Bedarf)
350 g Schwarzwurzeln
2½ TL Salz
2½ EL Kokosfett, Bratöl *oder* Ghee
1¼ TL Panch Phutan (Seite 24)
150 ml Kokosmilch (Seite 26)
1 TL Rohrzucker
¾ TL gemahlener schwarzer Pfeffer
¾ TL gemahlener Zimt

Die Zitronenhälfte auspressen. Kaltes Wasser mit Zitronensaft in eine Schüssel geben. Schwarzwurzeln unter fließendem Wasser abbürsten und anschließend ebenfalls unter fließendem Wasser schälen. Die Stangen in etwa 10 Zentimeter lange Stücke schneiden und unverzüglich in das Zitronenwasser legen.

In einem Topf etwa 3 Zentimeter hoch Wasser mit 1 Teelöffel Salz aufkochen. Die Schwarzwurzeln aus dem Zitronenwasser nehmen, kalt abspülen und zugedeckt bei mittlerer Hitze darin ca. 15 Minuten nicht zu weich garen. In einem Sieb abtropfen lassen und in etwa 5 Zentimeter lange Stücke schneiden.

Fett oder Öl in einem Topf erhitzen, Panch Phutan darin anrösten, bis die meisten Senfkörner aufgesprungen sind (siehe Seite 20 f.). Sofort Kokosmilch, 1½ Teelöffel Salz sowie Zucker dazugeben und 7 Minuten köcheln lassen. Schwarzwurzeln, Pfeffer und Zimt in den Topf geben und diesen nach 1 Minute vom Herd nehmen. Das Gericht sollte saftig, aber nicht wässerig sein.

Sehr bekömmlich für Vata und Pitta. Nicht empfehlenswert für Kapha.

Apfel-Rote-Bete-Salat mit Pfefferminze

300 g Rote Bete
1 Apfel
1 Handvoll frische Pfefferminzblätter, gehackt
Samen von 2 Kardamomkapseln, gemahlen
2 EL Olivenöl
1 EL Zitronensaft
¾ TL Salz
1 TL Rohrzucker

Die Rote Bete mit etwas Wasser in einem Topf weich kochen und anschließend schälen. Den Apfel schälen. Rote Bete und Apfel getrennt grob raspeln, in Streifen hobeln oder in Würfel schneiden.

Die restlichen Zutaten in eine Schüssel geben und gut vermengen, Rote-Bete- sowie Apfelstücke unterheben und sofort servieren.

Gut bekömmlich für alle drei Doshas.

Bunter Gemüsereis

zu gebackenen Chili-Auberginen und Rote-Bete-Raita

Gemüsereis

200 g Basmatireis
400 ml Wasser
1½ TL Salz
150 g Paprika
100 g Zucchini
3 EL Olivenöl
1 Msp. Asafoetida
1 Handvoll Korinthen
½ TL Salz
½ EL frische Kräuter, gehackt (z. B. Rosmarin, Thymian, Oregano und/oder Basilikum)

Den Reis mit Salz wie im Rezept „Basmatireis" (Seite 113) zubereiten.

Die Paprikaschote vierteln, entkernen und die weißen Innenhäute entfernen. Paprikaviertel mit kochendem Wasser übergießen, kurz ziehen lassen und unter eiskaltem Wasser abschrecken. Mit einem kleinen Messer häuten und in etwas kleinere Stücke schneiden. Von der Zucchini die Enden abschneiden und ebenso in kleine Stücke schneiden.

Olivenöl in einem Topf leicht erhitzen, Asafoetida darin 10 Sekunden anrösten (siehe Seite 20 f.), dann Paprikaviertel, Zucchinistücke, Korinthen, Salz sowie Kräuter dazugeben und unter regelmäßigem Wenden braten, bis das Gemüse al dente ist. Vom Herd nehmen und den Reis untermischen.

Tipp: Dieser Gemüsereis schmeckt auch mit Avocadowürfeln und/oder etwas frisch gepresstem Zitronensaft sehr lecker.

Sehr bekömmlich für Pitta und Vata. Kapha genießt den Reis in kleinen Portionen.

Gebackene Chili-Auberginen

2 mittelgroße Auberginen
2 TL Kreuzkümmelsamen
1 getrocknete, kleine rote Chilischote, zerbrochen
Bratöl *oder* Maiskeimöl (Menge nach Bedarf)
etwas Salz zum Bestreuen (Menge nach Bedarf)
etwas fein gemahlener Zucker zum Bestreuen (Menge nach Bedarf)
etwas Schwarzsalz zum Bestreuen (Menge nach Bedarf)

Die Auberginen mit Stängel längs in Spalten schneiden. Kreuzkümmelsamen mit der Chilischote in einer kleinen Pfanne trocken rösten, bis sie anbräunen (siehe Seite 20 f.). Dann im Mörser leicht zerstoßen.

Auberginenspalten mit ausreichend Öl bestreichen und im Backofen auf 200 °C backen (siehe Seite 20), bis sie weich sind und leicht anbräunen.

Auberginen auf einen Teller legen und mit den Gewürzen, etwas Salz, wenig Zucker und falls vorhanden mit wenig Schwarzsalz bestreuen.

Sehr bekömmlich für Vata. Pitta lässt die Chili weg. Kapha genießt die Chili-Auberginen in kleinen Portionen.

Rote-Bete-Raita

ca. 300 g Rote Bete
120 ml Cashewsahne (Seite 25, dickflüssig zubereitet))
1 EL Zitronensaft
1 EL Olivenöl
⅓ TL Salz
1½ TL Rohrzucker
frischer Dill, gehackt (Menge nach Bedarf)

Rote Bete mit Wasser in einem Topf weich kochen, schälen und grob raspeln oder in kleine Würfel schneiden.

Alle anderen Zutaten in einer Schüssel mischen, die Rote Bete unterheben und servieren.

Sehr bekömmlich für Vata und Kapha. Pitta genießt das Raita in kleinen Portionen.

Safranreis

zu Kohlklößen in Koriander-Tomatensauce und mit Senf gebratenen Bittergurken

Safranreis zu Kohlklößen in Koriander-Tomatensauce und mit Senf gebratenen Bittergurken

Kohlklöße in Koriander-Tomatensauce

Für die Kohlklöße:
300 g Weißkohl
1 TL Salz
¼ TL Asafoetida
1 TL Anissamen
120 g feines, ungeröstetes Kichererbsenmehl

Zum Frittieren:
Frittieröl wie Maiskeimöl *oder* Kokosfett (so viel, dass das Öl in der Pfanne bzw. der Fritteuse mindestens 5 Zentimeter hoch steht)

Für die Sauce:
2 mittelgroße Tomaten
2 EL Bratöl *oder* Ghee
1 EL Rohrzucker
1 EL frische Ingwerwurzel, gerieben
2 TL gemahlener Koriander
⅓ TL Kurkuma (Gelbwurz)
400 ml Wasser
Samen von 3 schwarzen Kardamomkapseln, gemahlen
150 ml Kokosmilch *oder* -sahne (siehe Seite 26)
1 Handvoll frische Korianderblätter, fein gehackt

Für die Kohlklöße den Weißkohl halbieren, den Strunk sowie harte Rippen entfernen und Weißkohl in etwa 2 Millimeter breite Streifen schneiden. Kohl mit Salz, Asafoetida und Anissamen in einer Schüssel vermengen und gut durchkneten, bis der Kohl Wasser zieht. Anschließend das Kichererbsenmehl untermischen. Die Masse sollte nur leicht saftig sein und gut zusammenhalten. (Ist sie zu trocken, noch etwas Wasser dazugeben. Ist sie zu flüssig, etwas mehr Mehl verwenden.)

Aus der Masse mit angefeuchteten Händen etwa 4 Zentimeter große Kugeln formen. Nacheinander vorsichtig so viele Kugeln in das (etwa 180 °C) heiße Frittieröl geben, dass die Oberfläche bedeckt ist. Kohlklöße von Zeit zu Zeit wenden und goldbraun frittieren (siehe Seite 20). Herausnehmen und in einem Sieb abtropfen lassen.

Für die Sauce die Tomaten häuten (siehe Seite 21) und pürieren. Öl oder Fett in einem Topf erhitzen und Rohrzucker darin goldbraun karamellisieren. Sofort den Ingwer dazugeben und anrösten, bis er etwas anbräunt. Dann Tomatenpüree, Koriander, gemahlenen Kardamom, Kurkuma sowie Wasser dazugeben und zugedeckt bei niedriger Hitze 15 Minuten köcheln lassen. Die Sahne, Korianderblätter und die Kohlklöße in den Topf geben, 2 Minuten weiterköcheln lassen und vom Herd nehmen. Die Kohlklöße 10 Minuten ziehen lassen und servieren.

Gut bekömmlich für Pitta. Vata und Kapha würzen die Sauce zusätzlich mit 10 gemahlenen schwarzen Pfefferkörnern und ¼ Teelöffel Cayennepfeffer.

Safranreis

200 g Basmatireis
2½ EL flüssiges Kokosfett, Bratöl *oder* Ghee
7 Kardamomkapseln
½ Zimtstange, in kleine Stücke gebrochen
1 Handvoll Cashewkerne und Rosinen
400 ml heißes Wasser
¼ TL Safran
½ TL Salz
70 g heller Zucker, z. B. Sharkara

Den Reis in einem Sieb gründlich abspülen und gut abtropfen lassen.

Fett oder Öl in einem Topf leicht erhitzen und Kardamom, Zimt, Cashewkerne und Rosinen darin 20 Sekunden anrösten (siehe Seite 20 f.). Reis dazugeben und unter regelmäßigem Rühren bei mittlerer Hitze 3 Minuten mit anrösten (glasieren).

Heißes Wasser, Safran und Salz untermischen und zugedeckt ohne Umrühren bei niedriger Hitze ca. 10 Minuten köcheln lassen, bis der Reis weich und das Wasser verkocht ist. Vom Herd nehmen und den Zucker vorsichtig mit einem Holzlöffel unterrühren. Den Safranreis mindestens 5 Minuten ziehen lassen.

Tipps: Sie können den Safranreis auch mit weniger Zucker zubereiten oder mit dem Zucker ¼ Teelöffel gemahlene Muskatnuss untermischen.

Sehr bekömmlich für Vata und Pitta. Nicht empfehlenswert für Kapha.

Mit Senf gebratene Bittergurken

200 g Kartoffeln
500 g Bittergurken (in indischen Lebensmittelläden erhältlich als *Bitter Gourd*)
4 TL schwarze Senfkörner
1¼ TL Kreuzkümmelsamen
1 EL Bratöl *oder* Maiskeimöl
1¼ TL Panch Phutan (Seite 24)
150 ml heißes Wasser
½ TL Kurkuma (Gelbwurz)
1¼ TL Salz

Die Kartoffeln schälen. Bittergurken nach Belieben schälen, halbieren und die Kerne mit einem Löffel entfernen. Kartoffeln und Bittergurken in Stifte schneiden und leicht goldbraun frittieren (siehe Seite 20) oder mit etwas Öl bestrichen im Backofen bei 200 °C backen (siehe Seite 20).

Senfkörner und Kreuzkümmelsamen mit etwas Wasser in einen Mixer geben und zu einer feinen Senfpaste mahlen (siehe Seite 26).

Das Öl in einer Pfanne erhitzen und Panch Phutan darin anrösten, bis die meisten Senfkörner aufgesprungen sind. Vorsicht, das Öl sollte nicht zu heiß werden (siehe Seite 20 f.)! Sofort die Senfpaste, heißes Wasser, Kurkuma sowie Salz dazugeben und ohne Deckel einkochen lassen. Sobald die Flüssigkeit halb verkocht ist, das Gemüse dazugeben. Unter regelmäßigem Wenden bei mittlerer Hitze weiterkochen, bis die Flüssigkeit komplett verdunstet ist und die Gewürzpaste am Gemüse haftet. Anschließend noch 3 Minuten köcheln lassen, bis es leicht anbräunt, dann vom Herd nehmen und servieren.

Sehr bekömmlich für Pitta und Kapha. Kapha sollte das Gemüse backen, nicht frittieren. Vata genießt die gebratenen Bittergurken in kleinen Portionen.

Bittergurken-Kartoffel-Makronen
in Kokos-Lemon-Sauce mit gebackenem Kürbis

Bittergurken-Kartoffel-Makronen

100 g Bittergurken (in indischen Lebensmittelläden erhältlich als *Bitter Gourd*)
300 g mehlige Kartoffeln
Kochwasser für Kartoffeln und Bittergurken
3 EL Kichererbsenmehl
1½ EL flüssiges Kokosfett, Bratöl *oder* Ghee
1 TL Kreuzkümmelsamen
¼ TL Asafoetida
120 ml Cashewsahne (Seite 25) *oder* Sahne
¾ TL Salz

Kartoffeln und Bittergurken in etwas Wasser in einem Topf weich kochen. Die Kartoffeln abziehen, Bittergurken halbieren und die Kerne mit einem Löffel entfernen. Kartoffeln und Bittergurken zusammen zu einem feinen Mus zerstampfen.

Fett oder Öl in einer Pfanne erhitzen, Kreuzkümmel darin leicht anbräunen, Asafoetida 3 Sekunden mit anrösten und sofort die Sahne dazugeben. Unter ständigem Rühren bei niedriger Hitze einkochen lassen, bis sie ganz dick ist.

Gemüsemus und Salz unter die Sahne mischen und vom Herd nehmen. Aus der Masse kleine Häufchen formen, die Bittergurken-Kartoffel-Makronen auf Backpapier legen und im Backofen bei 200 °C backen, bis sie leicht anbräunen.

Tipp: Statt Buttergurken einfach 1 bis 2 fein gehackte Peperoncini oder grüne Chili unter den Kartoffelbrei mischen.

Gebackener Kürbis

350 g Kürbis
3–5 EL Olivenöl
¾ TL Salz
frische Kräuter, gehackt, z. B. Basilikum *oder* Oregano
Zitronensaft (wenn gewünscht)

Den Kürbis halbieren, die Kerne und das faserige Fleisch entfernen. Das Kürbisfleisch in Spalten schneiden. Diese mit Olivenöl, Salz und den gehackten Kräutern in einer Schüssel vermischen.

Die Kürbisspalten auf Backpapier geben und im Backofen bei 200 °C backen, bis sie weich sind.

Gut bekömmlich für Vata und Pitta. Kapha backt den Kürbis etwas länger und würzt mit 15 gemahlenen schwarzen Pfefferkörnern nach. Für Vata nach Belieben mit etwas Zitronensaft beträufeln und servieren.

Kokos-Lemon-Sauce

1 Stängel Zitronengras
1½ EL Kokosfett *oder* Bratöl
1¼ EL frische Ingwerwurzel, in kleine Würfel geschnitten
4 Kaffernlimettenblätter
200 ml Kokosmilch (Seite 26)
⅓ TL Salz
etwas Wasser zum Anrühren der Stärke

Zitronengras in feine Ringe hacken. Fett oder Öl in einer Pfanne leicht erhitzen und Ingwer, Zitronengras und Limettenblätter darin 1 Minute anrösten (siehe Seite 20 f.). Kokosmilch und Salz dazugeben und bei niedriger Hitze einkochen lassen, bis die Sauce dickflüssig ist.

Die Bittergurken-Kartoffel-Makronen auf flache Teller geben, mit der Sauce umgießen und servieren.

Tipp: Nach Belieben können Sie zum Schluss noch 1 bis 2 Teelöffel Zitronensaft in die Sauce rühren.

Zusammen mit Bittergurken-Kartoffel-Makronen gut bekömmlich für alle drei Doshas. Kapha würzt die Makronen mit 1 fein gehackten grünen Chilischote oder etwas Cayennepfeffer nach.

Avocado-Pakoras

mit Meerrettich-Sonnenblumenkern-Dip zu Rosenkohl an Apfelsaft

Avocado-Pakoras

1 Avocado

Für den Teig:

100 g feines, ungeröstetes Kichererbsenmehl
40 g Reis- *oder* Weißmehl
140 ml Wasser
1 Prise Asafoetida
1 Prise Natron
1 Handvoll frischer Oregano, fein gehackt
½ TL Salz

Zum Frittieren:

Frittieröl wie Maiskeimöl oder Kokosfett (so viel, dass das Öl in der Pfanne bzw. der Fritteuse mindestens 5 Zentimeter hoch steht)

Die Avocado halbieren, entkernen und das Fruchtfleisch vorsichtig mit einem Löffel aus der Schale heben. Anschließend das Fruchtfleisch vorsichtig der Länge nach in Spalten schneiden.

Für den Teig beide Mehlsorten, Wasser, Asafoetida, Oregano, Natron und Salz in einer kleinen Schüssel mit dem Schneebesen gut vermischen. Der Teig sollte dickflüssig sein. (Je nach Mehlqualität brauchen Sie unter Umständen etwas mehr Wasser.)

Zum Frittieren die Avocadospalten nacheinander in den Teig tauchen, darin wenden und jeweils so viele davon in das (ca. 170 °C) heiße Frittieröl geben (siehe Seite 20), dass die Oberfläche des Öls bedeckt ist. Von Zeit zu Zeit wenden und goldbraun frittieren. Die Pakoras aus dem Öl heben, in einem Sieb abtropfen lassen und servieren.

Tipp: Die Pakoras sind leichter verdaulich, wenn Sie die Avocadospalten nacheinander in den Teig tauchen und mit etwas flüssigem Fett, Öl oder Ghee in einer Pfanne von beiden Seiten anbraten.

Gut bekömmlich für Vata und Pitta. Kapha genießt die Pakoras in kleinen Portionen.

Meerrettich-Sonnenblumenkern-Dip

30 g Meerrettich
30 g Apfel
30 g Sonnenblumenkerne
30 ml Wasser
½ EL Olivenöl
1 TL Zitronensaft
½ TL Rohrzucker
1 Msp. Salz

Meerrettich und Apfel schälen, fein raspeln und mit den restlichen Zutaten im Mixer pürieren, bis eine dickflüssige, sahnige Sauce entsteht.

Gut bekömmlich für Vata und Kapha. Pitta nimmt wenig davon.

Rosenkohl an Apfelsaft

350 g Rosenkohl
ca. 150 ml Apfelsaft
¾ TL Anissamen
10 schwarze Pfefferkörner, grob gemahlen
1 Prise Asafoetida
⅔ TL Salz
1 keiner Zweig Rosmarin
1 kleiner Zweig Thymian

Von dem Rosenkohl die schlechten Blätter abziehen und den Strunk kreuzförmig einschneiden. Rosenkohl mit den restlichen Zutaten in einen Topf geben und zugedeckt bei mittlerer Hitze unter regelmäßigem Wenden dünsten, bis er weich ist. Falls der Kohl ansetzt, etwas Wasser dazugeben. Der Rosenkohl darf jedoch etwas anbräunen.

Tipp: Wenn Sie mögen, können Sie den Apfelsaft auch selbst herstellen. Dafür 1 bis 2 Äpfel fein raspeln und den Saft durch ein Sieb passieren.

Gut bekömmlich für Kapha und Pitta. Vata genießt den Rosenkohl in kleinen Portionen.

Wirsing
mit Kartoffeln und Tomaten

500 g Wirsing
2 mittelgroße Tomaten
200 g Kartoffeln
etwas Öl zum Bestreichen (Menge nach Bedarf)
1–2 grüne Chilischoten
2 EL Bratöl *oder* Ghee
1 ⅓ TL Kreuzkümmelsamen
¼ TL Asafoetida
1 EL frische Ingwerwurzel, gerieben
½ TL Kurkuma (Gelbwurz)
1 TL Salz

Den Wirsing halbieren und den Strunk sowie harte Rippen herausschneiden. Wirsing und Tomaten separat klein schneiden. Die Kartoffeln schälen, würfeln und mit etwas Öl bestrichen im Backofen bei 200 °C weich backen (siehe Seite 20).

Die Chilischoten längs halbieren und entkernen. Bratöl oder Ghee in einer Pfanne erhitzen und Kreuzkümmelsamen darin goldbraun anrösten (siehe Seite 20 f.), Chilis 10 Sekunden mit anrösten, dann Asafoetida 5 Sekunden und anschließend Ingwer 10 Sekunden mit anrösten.

Wirsing- sowie Tomatenstücke, Kurkuma und Salz hinzufügen und zugedeckt unter regelmäßigem Wenden bei mittlerer Hitze dünsten, bis das Gemüse weich ist. Gebackene Kartoffeln untermischen und servieren.

Tipp: Um das Gemüse noch cremiger zu machen, mit den Kartoffeln 150 Milliliter vegane Sahne dazugeben, kurz aufkochen lassen und vom Herd nehmen.

Gut bekömmlich für Vata und Pitta. Kapha lässt die Sahne weg.

Gebratene Bananen
mit Zimt-Karamell-Honig

½ EL frische Ingwerwurzel, geraspelt
2 EL Rohrzucker
100 ml Wasser
2–3 Msp. Zimt, frisch gemahlen
1½ EL flüssiger Honig *oder* ein veganes Süßungsmittel der Wahl (siehe Seite 24 f.)
2 süße Bananen
Kokosfett, Bratöl *oder* Ghee zum Anbraten (Menge nach Bedarf)

Die geraspelte Ingwerwurzel kräftig mit der Hand auspressen und dabei den Saft auffangen. Rohrzucker in einer kleinen Pfanne goldbraun karamellisieren. Sofort Wasser dazugeben und einkochen, bis es dickflüssig ist. Vom Herd nehmen. Sobald die Flüssigkeit etwas abgekühlt ist, Zimt, Ingwersaft und Honig untermischen.

Die Bananen schälen und längs halbieren. Fett oder Öl in einer Pfanne erhitzen. Bananenhälften darin von beiden Seiten jeweils 20 Sekunden braten.

Bananen mit Zimt-Karamell-Honig übergießen und warm servieren.

Tipp: Nach Belieben steif geschlagene vegane Schlagsahne dazu servieren.

Gut bekömmlich für Pitta und Vata. Kapha genießt dieses Dessert in kleinen Portionen.

Apple Crumble
an Rosensauce

Für die Füllung:
450 g Äpfel
3 EL Rohrzucker
50 ml Wasser
½ Zimtstange
1 EL frische Ingwerwurzel, gerieben

Für den Streuselteig:
75 g Kokosfett *oder* Margarine
75 g Rohrzucker
½ Msp. Natron *oder* Backpulver
150 g Weißmehl
2 EL kaltes Wasser
etwas Kokosfett zum Einfetten (Menge nach Bedarf)

Für die Rosensauce:
200 ml vegane Milch (Seite 9)
2 EL heller Zucker, z. B. Sharkara
2 TL Mais- *oder* Tapiokastärke
2 EL Rote-Bete-Saft
1 EL Zitronensaft
1–2 EL Rosenwasser

Für die Füllung Äpfel schälen, halbieren, entkernen und in dünne Spalten schneiden. Rohrzucker in einer Pfanne erhitzen, bis er goldbraun karamellisiert. Sofort mit Wasser aufgießen und einkochen lassen, bis nur wenig Flüssigkeit übrig ist. Apfelspalten, Zimt und Ingwer dazugeben und unter regelmäßigem Wenden 10 Minuten dünsten.

Für den Streuselteig Kokosfett oder Margarine mit Zucker, Natron oder Backpulver in einer Schüssel gründlich mischen. Das Mehl hinzufügen, dabei von Hand gut durchmischen (verreiben) und gleichmäßig kaltes Wasser mit unterkneten, bis Streusel entstehen.

Eine Springform mit einem Durchmesser von 26 Zentimetern mit etwas Kokosfett fetten. Zwei Drittel des Streuselteiges als Boden hineingeben und an den Seiten einen Rand hochdrücken. Die Apfelmischung auf dem Teigboden verteilen. Restlichen Teig gleichmäßig darüberstreuen.

Den Streuselkuchen im Backofen bei 180 °C backen, bis er goldbraun ist.

Für die Rosensauce Milch mit Zucker in einem Topf aufkochen, dann Stärke mit Rote-Bete-Saft anrühren und unter ständigem Rühren dazugießen. Kurz aufkochen lassen, vom Herd nehmen und Zitronensaft sowie Rosenwasser untermischen.

Den Apple Crumble auf flache Teller geben, mit der Rosensauce umgießen und warm servieren.

Gut bekömmlich für Pitta und Vata. Kapha genießt den Kuchen in kleinen Portionen.

Vanille-Ingwer-Töpfchen
mit Mandarinensauce

2 EL frische Ingwerwurzel, geraspelt
½ Vanillestange *oder* 3 TL Vanillezucker
400 ml Milch *oder* vegane Milch (Seite 9)
3 EL heller Zucker, z. B. Sharkara
gut 1 TL Agar-Agar
250 ml Mandarinensaft
1 EL Rohrzucker
1¼ TL Mais- *oder* Tapiokastärke
etwas Wasser zum Anrühren der Stärke (Menge nach Bedarf)
ein paar Mandarinenfilets zum Garnieren (Menge nach Bedarf)

Die geraspelte Ingwerwurzel kräftig mit der Hand auspressen und dabei den Saft auffangen. Die Vanillestange längs aufschneiden und mit einem Löffel das Mark herauskratzen. Vanillemark mit der Milch in einen Topf geben und 5 Minuten köcheln lassen. Ingwersaft und Zucker dazugeben und 2 Minuten köcheln lassen. Unter ständigem kräftigem Rühren Agar-Agar dazugeben. Noch 3 Minuten köcheln lassen und die Creme in Dessertformen in passender Größe gießen. Die Vanille-Töpfchen erkalten lassen.

Mandarinensaft und Rohrzucker in einem Topf aufkochen. Mais- oder Tapiokastärke in wenig Wasser anrühren und unter kräftigem Rühren unter den Saft mischen. Kurz aufkochen lassen und vom Herd nehmen.

Die Vanille-Töpfchen mit etwas Sauce übergießen und mit Mandarinenfilets garniert servieren.

Gut bekömmlich für alle drei Doshas. Kapha genießt das Dessert in kleinen Portionen.

Lavang Latta
Indisches Kokosgebäck

Für den Teig:
300 g Weißmehl
50 g Bratöl, Kokosfett *oder* Maiskeimöl
3 EL Zucker
2 Prisen Salz
130 ml Wasser

Für die Füllung:
1 EL Ghee, Kokosfett *oder* Bratöl
150 g Kokosraspel
100 g brauner Zucker *oder* Jaggery
300 ml Wasser
1 TL gemahlener schwarzer Pfeffer
½ Prise Kampferpulver (wenn gewünscht, essbarer Kampfer aus der Apotheke)
einige Nelken zum Verschließen der Taschen

Zum Frittieren:
Frittieröl wie Maiskeimöl oder Kokosfett (so viel, dass das Öl in der Pfanne bzw. der Fritteuse mindestens 5 Zentimeter hoch steht)

etwas Honig zum Bestreichen

Für den Teig Mehl, Öl oder Fett und Salz in einer Schüssel von Hand gut vermischen (verreiben). Wasser dazugeben und den Teig kneten, bis er fest und geschmeidig ist. Den Teig 15 Minuten ruhen lassen.

Für die Füllung Öl oder Fett in einer Pfanne erhitzen. Die Kokosraspel darin leicht braun anrösten. Zucker oder Jaggery sowie Wasser hinzufügen und einkochen lassen, bis eine dicke, klebrige Masse entsteht. Schwarzen Pfeffer sowie, falls gewünscht und vorhanden, Kampfer untermischen, vom Herd nehmen und abkühlen lassen.

Den Teig durchkneten und daraus 3 Zentimeter große Kugeln formen. Die Teigkugeln zu etwa 3 Millimeter dicken Fladen ausrollen. In die Mitte der Fladen jeweils 1 Löffel Füllung geben. Den Rand leicht anfeuchten, im Uhrzeigersinn eine Seite nach der anderen über die Füllung klappen und leicht andrücken. In die Verschlussnaht jeweils 2 Nelken stecken.

So viele Kokostaschen in leicht erhitztes Frittieröl (ca. 70 °C) geben, dass jeweils noch etwas Freiraum zwischen ihnen ist. Sobald die Taschen an die Oberfläche kommen, die Hitze auf normale Frittiertemperatur (ca. 180 °C) erhöhen, die Kokostaschen regelmäßig wenden und goldbraun frittieren. Kokostaschen herausnehmen und in einem Sieb abtropfen lassen. Auf diese Weise alle Kokostaschen frittieren. Die Taschen mit etwas Honig bestreichen und servieren.

Anschließend 350 Milliliter Wasser mit 250 Gramm Zucker in einem hohen Topf einkochen, bis ein dickflüssiger Sirup entsteht. Der Sirup sollte wie dünn fließender Honig aussehen. Bei Bedarf eventuell noch etwas Wasser hinzufügen oder stärker einkochen lassen.

Gut bekömmlich für Vata und Pitta. Nicht empfehlenswert für Kapha.

Getränke

aus der indisch-ayurvedischen Küche

Party-Drink

Für ca. 1¼ Liter Drink

50 g frische Ingwerwurzel, geraspelt
750 ml Wasser
½–1 Zitrone
110 g Rohrzucker
200 ml Kokosmilch (Seite 26)

Den Ingwer mit 200 Millilitern Wasser in eine Schüssel geben und mit der Hand zerdrücken. Anschließend in ein sauberes Mulltuch geben und kräftig ausdrücken. Das Tuch in das Wasser tauchen und erneut ausdrücken.

Die Zitrone auspressen. Restliches Wasser, Zitronensaft und alle anderen Zutaten zu dem Ingwersaft geben, mit einem Schneebesen kräftig aufschlagen und servieren.

Tipps: Einige Tropfen Rote-Bete-Saft geben dem Drink ein festliches Farbspiel. An heißen Tagen können Sie den Party-Drink mit etwas Eis servieren und genießen.

Gut bekömmlich für alle drei Doshas.

Mango-Lassi

Für ca. 1¾ Liter Lassi

1 l Wasser
500 g Naturjoghurt
120 g Rohrzucker
etwas Mangomus (Menge nach Bedarf)
Samen von 5 Kardamomkapseln, im Mörser zerkleinert

Alle Zutaten in einer Schüssel mit dem Schneebesen oder einem Mixer kräftig durchmischen und kalt servieren.

Tipp: Statt mit Mangomus kann Lassi auch mit Kokosmilch oder mit Rosenwasser zubereitet werden.

Gut bekömmlich für Vata und Pitta. Kapha sollte dieses Lassi selten oder gar nicht genießen.

Rasayana-Trunk

Für ca. 1 Liter Rasayana-Trunk

100 g Datteln
1½ EL frische Ingwerwurzel, geraspelt
50 g Rosinen
50 g gemahlene Mandeln
100 g Cashewkerne
750 ml Wasser
2 EL Rosenwasser
Samen von 5 Kardamomkapseln, im Mörser zerkleinert

Die Datteln entsteinen. Die geraspelte Ingwerwurzel kräftig mit der Hand auspressen und dabei den Saft auffangen.

Ingwersaft mit Datteln und den restlichen Zutaten in einer Schüssel vermischen und mindestens 1 Stunde stehen lassen. Die Mischung fein pürieren und sofort servieren.

Tipp: Dieses stärkende Getränk steckt voller Energie. Eine leckere Variante ergibt sich, wenn Sie vor dem Pürieren statt Wasser vegane Milch und zusätzlich 1 Banane dazugeben.

Gut bekömmlich für Vata. Pitta und Kapha genießen den Trunk in kleinen Mengen. Kapha gibt 15 gemahlene schwarze Pfefferkörner dazu.

Anhang

Verzeichnis der Rezepte

Test zur Bestimmung Ihres persönlichen Konstitutionstyps

Es gibt zehn mögliche Dosha-Kombinationen: Die „reinen" Typen **Vata, Kapha, Pitta**, die Mischtypen **Vata-Pitta, Pitta-Vata, Vata-Kapha, Kapha-Vata, Pitta-Kapha, Kapha-Pitta** und **Vata-Pitta-Kapha (Tridosha)**. Die Konstitution der meisten Menschen ist eine Kombination zweier Doshas. Das zuerst genannte Dosha zeigt hierbei das dominante an, das auch am leichtesten aus der Balance gerät. Die eher seltenen Tridosha-Typen sind entweder am gesündesten oder haben große gesundheitliche Probleme. Allerdings sind die meisten von uns den übrigen neun Konstitutionstypen zuzurechnen.

Ist der Körper in einem Zustand von Unausgeglichenheit, dann treten Symptome auf, die vom jeweiligen Dosha des Betreffenden vorgegeben werden, so zeigt sich eine Unausgewogenheit des Vata-Doshas in aller Regel durch typische Vata-Symptome: Probleme mit dem Dickdarm, Blähungen sowie Nerven- und Muskelstörungen.

Am anfälligsten sind wir für Gesundheitsstörungen, wenn alle drei Doshas leicht aus dem Gleichgewicht geraten sind. Bester Gesundheit erfreuen sich Menschen, bei denen kein Dosha zu Unausgeglichenheit tendiert – sie sind immer gesund, unabhängig davon, wie sie ihren Körper behandeln. Auf den folgenden Seiten finden Sie nun einen ausführlichen Fragebogen, der Ihnen helfen wird, Ihren Konstitutionstyp zu ermitteln. Aus den Antworten lässt sich zuverlässig feststellen, welches Dosha bei Ihnen dominiert. Gehen Sie wie folgt vor:

Bei jeder Frage tragen Sie sich **0 bis 3 Punkte** in die weißen Spalten neben den jeweiligen Antworten ein, wobei **3** bedeutet, dass die gemachte **Aussage** auf Sie **fast immer**, und **0**, dass sie bei Ihnen **gar nicht zutrifft.** Addieren Sie auf jeder Seite unten die Punkte für die einzelnen Dosha-Spalten.

Auf der letzten Seite tragen Sie die Punkte für die verschiedenen Doshas aus den sechs Seiten zusammen und addieren diese. Die Summe können Sie nun interpretieren:

Die höchste Punktzahl stellt Ihr primäres Dosha dar. Wie oben bereits erwähnt, sind die meisten Menschen jedoch keine reinen Kapha-, Pitta- oder Vata-Typen, sondern eine Kombination aus zwei Doshas, bei der eines der beiden überwiegt, wobei das zweite von der Punktzahl her noch sehr nah am ersten liegt.

Ist nun ein Dosha bei Ihnen erheblich stärker ausgeprägt als die beiden anderen, sind Sie ein **„reiner" Dosha-Typ**. Das betreffende Dosha würde im Fragebogen etwa doppelt so viele Punkte aufweisen wie die beiden anderen. Dies ist aber nur ein grober Anhaltspunkt.

Sind **zwei Doshas deutlich ausgeprägter als das dritte,** so gilt: Dasjenige mit der höheren Punktzahl ist das dominante, es steht vorn. Wenn zwei Doshas tatsächlich gleich stark ausgeprägt sind, gehen Sie die Fragen am besten ein zweites Mal in Ruhe durch. Meist lassen sich bei einem zweiten Durchgang klarere Antworten finden, was dann eine eindeutige Zuordnungen ermöglicht.

Haben Sie Ihren persönlichen Konstitutionstyp ermittelt, wird es Ihnen leicht fallen, die für Sie geeignete Lebens- und Ernährungsweise (siehe auch „Die drei Lebensenergien", Seite 10 f., und die Hinweise zu den Doshas unter den einzelnen Rezepten) und das Ihrer Gesundheit zuträglichste Umfeld zu finden (siehe „Weiterführende Literatur", Seite 186).

Tipp: Wenn Sie den Fragebogen öfter verwenden möchten, können Sie die betreffenden Seiten einfach kopieren und die Kopien ausfüllen.

Fragebogen zur Bestimmung Ihres Konstitutionstyps, Seite 1

Eigenschaft	Kapha		Pitta		Vata	
Gang, Tempo, Körpertyp	langsam, elegant, schwerer Knochenbau, breite Schultern und Hüften		schnell, wohlproportioniert, ausgeglichen		schnell, unregelmäßig groß, dünn, klein,dick, unregelmäßige hervorstehende Gelenke, schlecht proportioniert, unausgeglichen	
strukturelle Abnormitäten	selten		selten		Nasenscheidewanddefekte, O-Beine	
Finger und Zehen	kurz und dicklich		durchschnittlich		lang, dünn	
Gelenke	sehr geschmeidig		durchschnittlich		knacken leicht	
Körpergewicht/Dynamik	Zunehmen fällt leicht, Abnehmen fällt schwer		stabiles Gewicht, nehmen jedoch leicht zu und ab		variabel, unregelmäßig, Zunehmen fällt schwer	
Körperbereich, der am ehesten Gewicht ansetzt	unterhalb der Taille		gleichmäßig am ganzen Körper		um die Taille herum	
Ausdauer	hohes Durchhaltevermögen		durchschnittliche Ausdauer		unregelmäßig, niedriges Durchhaltevermögen	
körperliche Aktivität	meiden Sport, obgleich sie davon profitieren, wenn sie sich überwinden		mögen regelmäßigen Sport, auch anstrengenden		aktiv, unregelmäßig	
Sexualtrieb	gering und gleichmäßig		gemäßigt		stark, variiert häufig	
Fruchtbarkeit	hoch		durchschnittlich		gering	
Periode	schmerzlos		leichte Krampfneigung		unregelmäßig, mitunter fallen Perioden aus	
Monatsblutung	leicht		viel Blut, leuchtendrot		geringe Blutungen, manchmal Blutverklumpungen, dunkles Blut	
Appetit und Durst	gemäßigt, essen langsam		starker Hunger, lassen keine Mahlzeit aus		unregelmäßig, extrem, essen schnell	
Punktzahl Seite 1						

Fragebogen zur Bestimmung Ihres Konstitutionstyps, Seite 2

Eigenschaft	Kapha		Pitta		Vata	
Geschmacksvorlieben	warm, bitter, scharf, süß		kühl, süß, bitter		warm, süß, sauer, salzig	
morgendlicher Geschmack im Mund	süßlich		sauer, metallisch		adstringierend, bitter	
Verdauungskraft	gemäßigt, schwach		stark, schnell		unregelmäßig, neigen zu Blähungen	
Geschmacksrichtungen, die die Unausgeglichenheit fördern	süß, sauer, salzig, Milchprodukte		salzig, scharf gewürzt, sauer		bitter, adstringierend, scharf	
Geschmacksrichtungen, die die Ausgeglichenheit fördern	scharf, bitter, adstringierend		süß, bitter, adstringierend		süß, sauer, salzig	
harmonisierend wirkende Nahrungsqualitäten	warm, trocken, leicht		kalt, schwer, trocken		schwer, ölig, warm	
disharmonisch wirkende Nahrungsqualitäten	ölig, kalt, schwer		ölig, scharf, leicht		kalt, trocken, leicht	
bestes Klima	warm, mild		kühl		warm, heiß	
schlechtestes Klima	kalt, feucht		heiß		kalt, windig	
Stuhlbeschaffenheit	gut geformt		gelblich, gut geformt		hart, dunkel	
Häufigkeit der Verdauung	regelmäßig, einmal täglich, langsam		regelmäßig, zweimal täglich		variabel, Durchfall, Verstopfung	
Gesicht	kräftiger Kiefer, breit, muskulös		wohlproportioniert		schmal, trocken, unregelmäßig, unausgeglichen	
Zähne	stark, weiß		mittelgroß		vorstehend, groß, krumm, ungleichmäßig, schief	
Zahnempfindlichkeit	keine Probleme		neigen zu Karies, anfällig, bluten leicht, neigen zu Geschwüren		sehr anfällig, empfindlich gegenüber Kälte und Süßigkeiten	
Zahnfleisch	kräftig, resistent gegenüber Erkrankungen		weich, blutet leicht, neigt zu Geschwüren		neigen zu Auszehrung	
Punktzahl Seite 2						

Fragebogen zur Bestimmung Ihres Konstitutionstyps, Seite 3

Eigenschaft	Kapha		Pitta		Vata	
Augentyp	groß, große Pupillen, weiße Lederhaut, lange dicke Wimpern		gutproportioniert, lichtempfindlich, gelbliche Lederhaut, kurze Wimpern		klein, sehr dicht zusammen oder weit auseinander	
Augenfarbe	blau, hell- bis dunkelbraun		grün, blau, rötlich		dunkel, grau, dunkelbraun, blaugrau	
Haarqualität	glatt, ölig, dick		wellig, weich		trocken, wellig	
Haarfarbe	hell- bis dunkelbraun, dunkelblond		hellbraun, rot, blond		dunkelbraun, schwarz	
Hauteigenschaften	dick, keine Hautprobleme		empfindlich, anfällig für Ausschläge und Pickel		variabel, rauh, spröde, aufgesprungen, neigen zu Ekzemen und Schuppenflechte	
Hautfarbe	weiß		rötlich, gelblich, Sommersprossen		dunkler Teint	
Haut im Alter	glatt, kaum Falten		Altersflecken, Leberflecken, Pigmentstörungen		trocken, spröde, faltig	
Hautreaktion auf Sonne	gleichmäßige Bräunung		neigen zu Sonnenbrand		werden schnell braun	
Nägel	kräftig, groß, symmetrisch		stark, gut geformt, rosa		hart, brüchig, unregelmäßig	
Pulsqualität	langsam, voll, ruhig		schwankend		schwach	
Pulsfrequenz	60 bis 70 Schläge pro Minute		70 bis 80 Schläge pro Minute		80 bis 100 Schläge pro Minute	
Schwitzen	durchschnittlich		schwitzen schnell und sehr stark		schwitzen selbst bei heißem Wetter kaum	
Kraft	stark, robust		durchschnittlich		variabel bis schwach	
Stimme	tief, voll, wohlklingend		intensiv, enthusiastisch		hoch, zittrig, schwach	
Sprechgewohnheiten	ruhiges, langsames Sprechen		sehr gute Redner		sehr redselig, aber nicht immer	
Punktzahl Seite 3						

Fragebogen zur Bestimmung Ihres Konstitutionstyps, Seite 4

Eigenschaft	Kapha		Pitta		Vata	
Schmerztoleranz	versuchen, Schmerz aus dem Wege zu gehen		hoch, stellen sich dem Schmerz		niedrig, sehr empfindlich gegenüber Schmerzen	
werden beeinträchtigt durch	zu wenig Bewegung		säurebildende Nahrung und Übersäuerung des Körpers		Wind, übermäßige körperliche oder psychische Belastung	
Reisegewohnheiten	bleiben am liebsten zu Hause		Abenteurer mit klaren Zielen, Entdecker		sehr reiselustig	
natürliche Immunität	durchschnittlich		hoch		gering	
Krankheitsanfälligkeit	Schleimbildung, Erkältungen, Grippe		Entzündungen, Herz und Haut sind Schwachstellen		häufige körperliche Schmerzen, neigen zu Nervensystem-, Muskel- und Gelenkproblemen	
Kommunikationsmuster	langsam, vorsichtig, ruhig		klar, deutlich		reden gern viel, schweifen vom Thema ab	
Persönlichkeitstypus	ernsthaft, geduldig, zuverlässig		stark, kräftig		chaotisch, unkonzentriert, flexibel	
Persönlichkeitsschwächen	Trägheit, Selbstgefälligkeit, Gier, Sturheit		zu dominant, ärgerlich		schlecht geerdet, kein klares Lebensziel, können sich nur schlecht konzentrieren	
Emotionen, die Unausgeglichenheiten hervorrufen	Selbstzufriedenheit		Ärger, Eifersucht, Trauer		Angst, Sorgen	
geistiger Zustand	ruhig, gleichmäßig		intelligent, aggressiv		wachsam, rastlos, schnell	
Humor	ernsthaft, zurückhaltender Humor, lachen nicht so leicht		intensives Lachen, scharfer, sarkastischer Humor		sehr humorvoll, spontan	
Freundschaften	wenige, aber sehr dauerhaft, zuverlässig und loyal		pragmatisch		wechselhaft, häufig von kurzer Dauer	
Punktzahl Seite 4						

Fragebogen zur Bestimmung Ihres Konstitutionstyps, Seite 5

Eigenschaft	Kapha		Pitta		Vata	
Ehrgeiz, Konkurrenzdenken	nicht aggressiv		sehr aggressiv		variabel	
Vergebung	vergeben und vergessen nur schwer		können vorübergehend zornig sein, vergeben jedoch später		vergeben und vergessen leicht	
Entscheidungsfindung	langsam, vorsichtig		weitsichtig, klar		impulsiv, kurzsichtig	
Lernfähigkeit	langsam, können mit Informationen jedoch gut umgehen, wenn sie sie einmal verstanden haben		verstehen neue Informationen leicht und schnell		verstehen schnell, können leicht theoretische Verbindungen herstellen	
Informationsaufnahme	gefühlsorientiert, kinästhetisch, intuitiv		visuell		auditiv, intellektuell, nehmen viel über Gehörsinn wahr, leiden unter hohem Lärmpegel	
Durchhaltevermögen	sehr hoch, machen alles zu Ende, sehr akribisch, zuverlässig		erledigen ihre Aufgaben schnell		unzuverlässig, unbeständig	
typische Rolle in Organisationen	Bürokrat		Führungspersönlichkeit, kann gut organisieren		können sich nur schlecht in Organisationen einfügen; sind eher visionär	
Konzentrationsfähigkeit	gleichmäßig, stark		durchschnittlich		variabel, sehr wechselhaft	
Ausdrucksweise	harmonisch, langsam		deutlich, klar		schnell	
Emotionen	ruhig, gierig		reizbar, aggressiv		ängstlich, unsicher, sorgenvoll	
Temperament	neigen zu Anhaftungen		eifersüchtig, feurig		ungeduldig, verletzbar	
Reaktion auf Stress	ziehen sich zurück		Ärger, Eifersucht, Hass		Angst, Sorgen, Panik	
mentale Stabilität	ruhig, tolerant, selbstzufrieden		leicht reizbar		leicht aus dem Gleichgewicht zu bringen	
Punktzahl Seite 5						

Fragebogen zur Bestimmung Ihres Konstitutionstyps, Seite 6

Eigenschaft	Kapha		Pitta		Vata	
mentaler Typ	stabil, logik-orientiert		kalkulierend, weitsichtig		inspiriert, theoretisch	
Erinnerungsvermögen	gutes Langzeitgedächtnis		gutes Kurzzeit-, durchschnittliches Langzeitgedächtnis		gutes Kurzzeit-, schwaches Langzeitgedächtnis	
Einstellung gegenüber Verpflichtungen und dem eigenen Glauben	zuverlässig, loyal		fanatisch		wechselhaft, unbeständig	
Umgang mit Geld	wohlhabend, aber sehr sparsam		sparen, gelegentlicher Kauf von Luxusartikeln		handeln impulsiv, geben Geld schnell aus	
Träume	Wasser, romantische Träume		Feuer, Gewalt, Krieg		Angst, Fliegen, Verfolgungsjagden	
Schlaf	schlafen leicht ein, schlafen lang, tief, mitunter übermäßig viel		kurz, erholsam		häufig Schlaflosigkeit, unregelmäßiger Schlaf	
Stresstoleranz	hoch		durchschnittlich		gering	
typischer Beruf	Akademiker, Bürokrat, Arbeiter		Manager, Leiter, Ingenieure, Akademiker, Selbstständige		Künstler, Theoretiker, Visionäre	
Lebensweise	genießen es, viel Zeit zu Hause zu verbringen; sparen und sammeln		gut organisiertes, pragmatisches Leben		aufregender, unregelmäßiger Lebensstil in allen Bereichen	
Punktzahl Seite 6						

Ihre Punkte/Übertrag	Kapha	Pitta	Vata
Übertrag von Seite 1			
Übertrag von Seite 2			
Übertrag von Seite 3			
Übertrag von Seite 4			
Übertrag von Seite 5			
Übertrag von Seite 6			
Gesamtpunktzahl			

Weiterführende Literatur

Baumgartner, Johannes: *Kochen für Krishna. Die besten Menüs und Gerichte der indisch-ayurvedischen Kochkunst.* Hans-Nietsch-Verlag, Emmendingen 2013

Dasa, Adiraja: *Vedische Kochkunst. Die erlesensten Gerichte der vegetarischen Küche Indiens.* The Baktivedanta Book Trust, Alachua, Florida (USA) 1987

Hartmann, Sandra: *Der Schatz der Ayurveda Küche. Mit über 125 Rezepten für Körper und Seele.* novum publishing, Berlin 2009

Pirc, Karin; Kempe, Wilhelm: *Kochen nach Ayurveda. Köstliche Küche für ein langes Leben.* 12. Auflage. Bassermann Verlag, München 2014

Rhyner, Hans Heinrich; Rosenberg, Kerstin: *Das große Ayurveda-Ernährungsbuch. Gesund leben und genussvoll essen.* 7. Auflage. Königsfurt-Urania, Krummwisch 2013

Schrott, Ernst: *Ayurveda für jeden Tag. Die sanfte Heilweise für vollkommene Gesundheit und Wohlbefinden.* Aktualisierte Neuausgabe. Goldmann Verlag, München 2003

Warelopoulos, Marlene; Heyn, Birgit, und Dinhopl, Anda: *Gesund genießen mit Ayurveda. Die alte indische Ernährungslehre in der europäischen Vollwertküche.* 4. Auflage. Heyne Verlag, München 2004

Dank

So wie für alles *auf* dieser Welt, danke ich auch hier als erstes Gott, in der vedischen Kultur als Krishna bekannt, der als Dhanvantari vor langer Zeit auf dieser Welt erschien und die zeitlose Wissenschaft des Ayurveda und der vedischen Lebensweisheiten mitbrachte.

Ich bedanke mich bei den spirituellen Lehrern der *Brahma Gaudiya*-Schülernachfolge, die mich mit vedischem Wissen gesegnet haben.

Mein Dank gebührt zudem meiner Mutter Karunamayi und meinem Vater Werner Baumgartner, die mir die Lebensgrundlagen und wichtigen Lebenseinstellungen mit auf den Weg gaben, und überhaupt der ganzen Familie, die mich immer wieder unterstützt hat. Vielen Dank an meine Liebste Sabine Meier, die mir durch ihre Liebe sehr viel Unterstützung und Kraft schenkt. Und herzlichen Dank an Hans Nietsch, der diesem Buch sein Vertrauen schenkte, und an Kurt Liebig, Joss Andres, Martina Klose, Susanne Noll, Ute Orth, Petra Zwerenz und Petra Westermann sowie allen anderen, die ihren Teil zur Veröffentlichung dieses Buches beigetragen haben.

Über den Autor

Johannes Baumgartner wurde 1976 in der Schweiz geboren. In jungen Jahren führte ihn seine spirituelle Suche nach Indien, in das Himalaja-Gebirge und anschließend in den mystischen Osten des Landes. Dort hat er viele Jahre lang für Mönche in Tempeln gekocht und dabei Hunderte von authentischen Rezepten gesammelt. Johannes Baumgartner ist heute ayurvedischer Chefkoch und gibt Kochkurse, bietet ayurvedische Ernährungsberatungen an, hält Vorträge über die östliche Lebensphilosophie, kocht für Caterings und veranstaltet Ayurveda-Ernährungs- und -Erholungsreisen an schöne Orte auf dieser Erde – ein wundervolles Erlebnis für alle.

In den Jahren in Indien entdeckte und verwirklichte er die Fülle der zeitlosen ayurvedischen Kochkunst. Kombiniert mit den ursprünglichen Lebensweisheiten, lässt er deren Geheimnisse in seinen exklusiven Produkte und Aktivitäten kunstvoll erblühen.

Weitere Informationen zu Kochkursen, Ernährungsberatung, Catering und Reisen finden Sie unter *www.johannesbaumgartner.com.*

Hans-Nietsch-Verlag

Textbearbeitung: Susanne Noll
Lektorat: Ute Orth
Korrektorat: Petra Zwerenz, Petra Westermann
Fotos und Foodstyling: Joss Andres
Porträtfotos: Wolfgang Meerwald
Gestaltung: Kurt Liebig
Druck: Dimograf Sp. z o.o., Bielsko-Biała/Polen
Das Geschirr wurde uns freundlicherweise vom Keramikatelier *Lena Andres* zur Verfügung gestellt.

Hans-Nietsch-Verlag
Am Himmelreich 7
79312 Emmendingen

www.nietsch.de
info@nietsch.de

ISBN 978-3-85264-347-9

316 Seiten, Broschur, 22,90 €
ISBN: 978-3-86264-228-1

DVD, 70 Min., 16,90 €
ISBN: 978-3-86264-337-0

Erin Alderson
Easy Veggie
saisonal, frisch, schnell zubereitet!
HANS-NIETSCH-VERLAG